少年足球
技术与训练

完全图解

【日】平野淳 著　杨晨 译

人民邮电出版社

北京

前　言

"大家喜欢足球吗？"

"大家踢足球开心吗？"

这是每当我们开设足球课时都要向同学们提出的问题。而每一次同学们都会大声地回答我们："非常喜欢！"，"很开心！"

足球界在这十年中的确有了翻天覆地的变化。和十年前相比，孩子们对足球的热情有了极大的提高。然而，是不是只有我一个人认为在这高速发展的足球世界中，我们忘记了一件非常重要的事呢？即是"把足球当成游戏去玩"这件事。就根本而言，足球，就是一种游戏。

虽然一说到游戏，人们往往会产生"毫无规则，自由奔放，想怎样就怎样"的印象，然而事实并非如此。请诸位读者好好思考一下，无论是捉迷藏也好，卡牌游戏也好，电视游戏也好，无论什么游戏都是有规则的。所谓"游戏"只有在遵守规则的基础上，才能自由发挥，被人尽情享受。足球亦然，其首要目的就是在既有规则之下愉快地玩耍。如果不能从中感受到快乐，也就无法获得进步。

我们现在已经有了数千例儿童足球教学经验。在守护着孩子们成长的同时也明白了一件非常重要的事情，越是优秀的选手越是享受足球带来的乐趣。他们会在团队训练之前自行训练，会在团队训练之后预先练习自己擅长的或是不擅长的脚法。

　　要成为优秀的足球选手，不光要有一定的才能，还需要付出比其他人多上数倍的努力才行。如果不这样做，所谓的才能是不会开花结果的。

　　优秀的选手也需要遵守教练所说的道理，而团队练习也须全力以赴。与此同时，自己主动积极地预先练习也是提升足球能力不可欠缺的一点。

> ⚽ 足球并不是强加于每个人的义务。
> ⚽ 享受足球是提升技术的捷径。
> ⚽ 为了提高足球能力，必须苦苦思索，多费工夫。
> ⚽ 比其他人付出数倍的努力与练习。

　　这即是提高足球技术的方法，请各位读者务必牢记于心。

　　本书是我们FUNROOTS的工作人员在游走各国后得出的心血结晶，介绍了多种就儿童足球而言绝对不可错过的足球技术及练习方法。本书旨在教授小学生、中学生以及高中生，哪怕您独自练习也能提高足球技术。练习目录及所列内容基本是无论何时何地都能进行的项目。由于本书覆盖了足球的基本技术，所以我希望本书能成为诸位读者在足球方面的启蒙书。

　　我真心希望本书能解决您在足球上的疑问，并成为您对足球的爱更上一层楼的助力。

FUNROOTS 代表　平野淳

扬·普鲁金（Jan Pruijn）先生
（原阿贾克斯国际青训部门负责人）

自从日本职业足球J联赛发迹后，日本足球高速发展并受到了来自世界的关注。其中尤其突出的是中村俊辅选手、中田英寿选手、高原直泰选手等等一批在海外顶级联赛活跃的日本选手，而我个人认为这是一件非常有意义的事情。

这几年来我和日本的孩子们一起踢球的机会增加了不少。而契机正是与FUNROOTS的代表平野淳先生的相遇。我与平野先生的初次见面是在阿姆斯特丹，那还是我在阿贾克斯工作的时候。我印象非常深刻的是那时的他是一位从日本远道而来的，为了能拼命地向我们吸取一切知识而一只手拿着小笔记本奋笔疾书同时提出各种问题的年轻人。

在那之后，我就在平野先生与今井健策先生（FUNROOTS副代表）二人建立起来的FUNROOTS开始工作了，在那里，我得到了很多和下至小学生上至高中生的足球学生接触的机会。

在荷兰，足球是流行运动之一。

　　和这个年代的球员们接触，使我重新认真地审视日本足球的发展。就我自己的感受而言，即使是和荷兰的孩子比起来，日本的孩子也能达到一个相当高的运动水平。这不仅是指足球技术层面，就对足球热情而言也能达到相应的水平。日本的孩子在教练发言的时候，一直都在看着教练的眼睛。我非常喜欢他们的这个动作。这是优秀的选手所必须具备的素质之一。

　　我希望有着这样热情的球员能阅读本书。虽然在此之前已有很多足球技术书问世，在日本也是如此，但是本书有迄今为止的技术书里都没有的精华。首先，对基本技术的解说简单易懂。其次，通过本书，极好地传达了FUNROOTS公司"为足球的纯粹献身"这种热烈的情感。

　　我希望本书多少能成为日本足球界的发展的助力。同时，我也祈愿若是诸位读者能通过本书萌生出打从心底对足球的热爱就好了。我也衷心地期待着今后日本足球能得到长足的发展。

资料

扬·普鲁金
（Jan Pruijn）

　　扬·普鲁金从1985年起以教练员身份开始了其职业生涯，在任荷兰甲级联赛NEC队的监督等职之后，成为了荷兰足球协会的教练员培训导师。随后，还就任过黎巴嫩国家队教练和阿拉伯联合酋长国（UAE）的技术顾问，之后担任了荷兰豪门俱乐部阿贾克斯的国际青年部门负责人一职。在荷兰，他是在培养球员方面颇受好评的教练之一。

目 录

PART 3　脚法——来挑战各种各样的脚法吧

PART 4　盘带——足球的基础就在这里

PART 5　头球——头球不是高个子的专利

PART 6　最终章——在比赛中获胜最为重要的事情

PART 7　FUNROOTS 回答孩子们关于足球的疑问

PART 1

在开始学习足球技术
之前要做的事

1

踢足球所必备的技术有这么多

大家认为踢球所必须具备的技术有多少呢？

当我们观看职业球员的比赛时，会不由得感叹他们的脚下技术了得。虽然本书所提及的足球技术也有不少，然而都仅限于基础技术的范畴。本书所推荐的，是无论你在场上踢什么位置、无论任何场合都可以用到的，而且这些技术是在小学、中学阶段必须牢固掌握的基础技术。

而在本书中，为了让读者们能够掌握这些基础技术，我们将会使用大量的照片来进行简单易懂的解说。同时，本书还附加了许多建议让您能够面对球场上的各种情况。

那么，对足球选手来说，需要怎样的基础技术呢？

接下来为您介绍的脚法，是最为基础的"技术"。请务必踏实勤恳练习一一掌握。

◆ **盘带** （☞至第89页）

该项技术要求球员具备不让球被对手截去并让球按照自己预设路线运动的极佳的控球能力。虽然在和对方防守队员进入一对一态势的时候把球传出去是很重要的，然而如果拥有带球突破的能力则能拓宽自己脚法的广度。

◆传球（☞至第61页）

向己方球员传送出决定性的一球，是在以不让球被对方球员夺走的前提下觅得得分良机的重要手段。传球分为长传（长距离传球）和短传（短距离传球），请务必根据情况来调整力度和速度。

◆头球（☞至第137页）

头球指的是用头替代脚来传球或是射门。同时，头球也能成为在防守时使球尽量远离己方球门的手段之一。练头球的技术须从小学高年级的时候开始练习，而扎实地习得基本姿势是非常有必要的。

◆射门（☞至第153页）

进球是场上每一位球员都渴望的一幕。而射门和传中有许多相似的地方，以传出传中球为目标去练习脚法就能掌握正确的射门动作。射门分为中距射门（从距离球门中等的位置的射门）和远射（从远离球门的位置的射门），具备这样的意识去射门是非常重要的。

写到这里，进攻时的脚法种类就基本介绍完毕了。首先，应把基础打扎实，在此基础上再挖掘出属于自己的脚法吧。

位置和阵型是什么

或许您听说过诸如"4-4-2""4-3-3""4-5-1""3-5-2"之类的术语吧？这些都指的是被称之为"阵型"的场上球员的基本配置。我认为有必要先介绍一下阵型是什么。从上至下分别指的是"后卫（以下简称DF）""中场（以下简称MF）""前锋（以下简称FW）"。例如，"4-4-2"阵型指的是DF有四个人，MF有四个人，FW有两个人。然而，这并不能囊括所有的技战术。这充其量只不过是基本配置，请把它理解为仅为比赛开场时球员的站位。接下来将介绍这三个位置的职责，同时还将介绍包含守门员（以下简称GK）共四个位置的特征特点等相关知识。

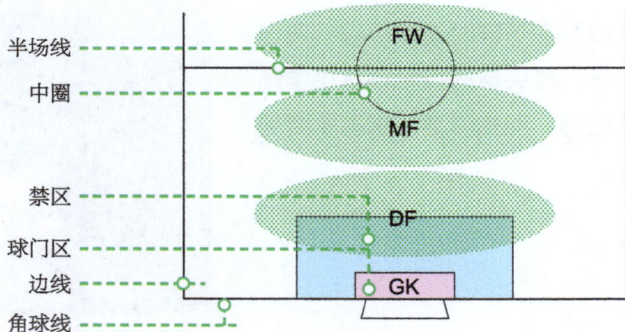

```
半场线 - - - ○           FW
中圈 - - - - ○
                        MF
禁区 - - - - ○
球门区 - - - ○          DF
边线 - - - - ○
角球线 - - - ○          GK
```

◆ 前锋（FW）

FW，也是被称之为"进攻手"的位置。其最为重要的职责就是射门进球。无论用怎样的姿势，处于怎样的位置，都必须以进球为目标，因此在场上FW的积极性是非常重要的。FW即使失败也不会气馁，随时都要保持自身的气势。同时，FW是在队里非常受欢迎的位置。

通常来说，FW分为单箭头、双箭头和三箭头三种配置安排。当阵型为双箭头的时候，两位FW经常会变换位置来保持攻守的平衡。而在三箭头的时候，位于两侧边线的球员则被称为"边翼"。

◆中场（MF）

这是一个在基本配置中位于中央的位置，既可以射门，也可以助攻。同时，在防守端也起着不让积极逼抢的对手把球夺走的作用，故此MF是一个在进攻和防守这两个角色中都有贡献的位置。

当MF有四个人的时候，通常以菱形阵型呈现，位于左边线一侧的中场球员称为"左中场"，位于FW下面的中场球员称为"攻击型中场"，位于后卫前面的中场球员称为"防守型中场"（或是防御型中场），位于右边线一侧的中场球员被称为"右中场"。边中场多选择跑得快和运动量较大的球员。 攻击型中场多为和中村俊辅选手那样球技高超并能向队友输送传球的球员。而防守型中场也被称为防御型中场，在队中是如同司令塔一样的存在，在攻守两端的过渡转换中是非常重要的位置。

◆后卫（DF）

DF，即后卫，其主要职责即是守住自家的球门，以防守作为第一要务。通常采用三至五名DF的配置，其中最为广泛采用的便是DF有四人的配置。而队长也经常在DF中产生。一名合格的队长则必须具备积极地从队友的身后发声，作出正确的临场指挥的能力。

谈到DF配置的称呼方式，以四后卫的配置为例，位于左边的球员被称为"左边后卫"，位于中央的两名球员被称为"左中后卫"和"右中后卫"。同时，位于右边的球员被称为"右边后卫"。

◆守门员（GK）

GK是全队上下唯一一名允许在场上使用手的球员。然而可以用手的地方仅限于被称为罚球区——即球门前的狭小范围内。GK允许使用从手至脚甚至整个身体来抵挡对方的射门，其第一要务就是守卫己方球门。欧洲经常会出现诸如奥利弗·卡恩那样优秀的GK。而个中理由则是因为在英格兰或是德国等欧洲国家，GK是孩子们当中最受欢迎的位置。GK应该是队中运动神经也更为发达并能积极地发出临场指挥的球员。随着足球的技术发展，GK这一位置不仅要求手上的技术，脚头工夫也成为了必备的技能之一。

◆ 很容易取得攻守平衡的阵型

4-4-2

FW 前锋　　FW 前锋
MF 进攻型中场
MF 左边中场　　MF 右边中场
MF 防守型中场
DF 左边后卫　　DF 右边后卫
DF 左中后卫　　DF 右中后卫
GK 守门员

4-4-2是一个在世界上最为流行的且各个位置分工明确的，适合初学者的一种阵型。位于中场的四名球员排成菱形。保持进攻与防守之间的平衡是此阵型的关键。

◆ 极具进攻性的阵型

3-4-3

FW 中锋
FW 左边翼　　FW 右边翼
MF 进攻型中场
MF 左边中场　　MF 右边中场
MF 防守型中场
DF 左边后卫　　DF 中后卫　　DF 右边后卫
GK 守门员

3-4-3是一种菱形阵型。该阵型配置多名攻击性球员，以具有极高的攻击性而闻名。虽然在进攻时效果显著，但是在防守方面会有一些弱势。

◆位置和阵型是什么

4-3-3

4-3-3是一种状如平行线一般的阵型。攻守两端较为平衡，能在比赛中获得较高的控球率。两侧边翼参与进攻是该阵型的关键。在防守方面，由于中场人数较少因此可能会导致两侧出现空当。

◆稳固中场的阵型

3-5-2

这是双防守型中场的阵型。这个阵型的特征是由三名防守型球员构成了一个固若金汤的中场。当对方阵型为双前锋时，可以让中后卫盯人防守，自由人灵活机动。

踢足球所需的装备

　　足球是只要有一个球就能玩起来的运动。然而当您要参加比赛的时候，就势必得准备许多用品。而热衷于踢球之后，球员对球鞋和球衣也会萌生更高要求。虽然我也认为把装备放在技术之前或许略有不妥，但这多少也能成为对足球产生兴趣的"原因"吧。

　　因此，在开始学习足球技术之前，首先就让我们来了解一下在足球训练或比赛中所需的装备吧。

① 鞋

　　"球鞋"种类繁多，根据使用目的不同分为"跑鞋""训练鞋""鞋钉固定式钉鞋""鞋钉可替换式钉鞋"等。关于如何选择一双适合自己的球鞋会我们在第二十页进行详细的介绍。

② 球

　　根据踢球人的年龄高低，球的大小也有不同。通常情况，学龄前儿童用3号球，小学生用4号球，中学生及以上用5号球。球的类型则分为"手工缝制"和"机械缝制"两种。除此之外还有轻量级和海绵球等根据用途划分的类型。

③ 护腿板

　　在足球比赛中，经常会出现为了争抢球而踢到彼此的腿的情况。因此在比赛中，为了防止受伤，球员必须戴上护腿板（保护小腿的用品）。护腿板主要分为两个类型，一种是从脚腕到小腿都包裹起来的，另一种是只保护小腿的。请根据自己的踢球风格或是喜好来进行选择就好。

④ 球服

　　在体育用品商店，上至自己喜欢的俱乐部的限量版球衣下至训练服，我们可以买到各式各样的球服。虽然在正式比赛之中，全队上下都必须穿着统一的球衣，但在训练的时候，可以自由地穿着T恤或是限量版球衣。请根据天气来选择适合的穿着。关于球裤有必要再另提一句，在正式比赛中全队球员（GK除外）都必须穿着短裤。在训练的时候则建议您参考天气状况，根据寒热情况选择合适的运动裤。

⑤ 球袜

　　虽然球袜分为短袜和长袜两种，但在比赛的时候，请您务必穿着长袜。短袜不仅没法包裹住护腿板，还会使皮肤直接暴露于危险之中，因此不建议您这样穿着短袜。

⑥ GK手套

　　在很早以前，守门员全凭一双赤手来接球。但为了防止受伤同时也为了更稳定地接住球，推荐您使用GK专用的手套。GK手套的尺寸分为儿童用和成人用，请酌情挑选适合您的尺寸。

选择球鞋的要点

无论哪名足球运动员，对球鞋都多少有些讲究。哪怕是职业球员，也并不总是买新鞋替换旧鞋，反而会把穿惯了的球鞋在每次训练后进行保养。

"足球"和"球鞋"有着密切关系。为了能踢得更好，选择一双适合自己的球鞋至关重要。一双价格高昂的球鞋并不意味着它一定是一双好用的球鞋。每个人的足型都各有差异，所以请一定要选择适合自己足型的球鞋。

例如说，经常会出现即使A公司的球鞋合脚，但B公司的球鞋却不合适的情况。要选择一双好鞋，就要在体育用品商店里尽可能多地去试穿，最终寻觅到适合自己的球鞋。虽然重视设计也是选鞋的一环，但球鞋是足球动作的"根基"，请选择合脚的、方便活动的球鞋。

根据使用目的和使用环境球鞋可分为以下几个种类。

首先要介绍的是附有鞋钉的球鞋。钉鞋分为"鞋钉固定式"和"鞋钉可替换式"两种类型。推荐新手球员使用鞋钉固定式钉鞋。

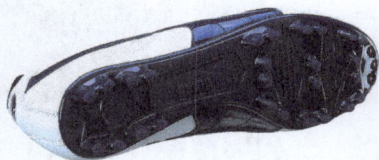

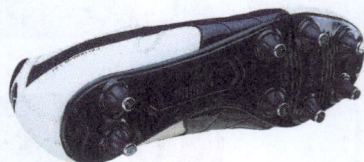

鞋钉固定式钉鞋

鞋钉可替换式钉鞋

选择球鞋的要点

基本来说，鞋钉固定式钉鞋适用范围较广，既可以在泥土场地上使用，也可以在草坪场地上使用。尤其是在场地状态较硬的球场上使用时效果尤其显著。同时，和鞋钉可替换式钉鞋比起来，这种球鞋对脚的负担较小，相较而言安全性也更高。

鞋钉可替换式钉鞋则更常使用于场地状况较为恶劣的球场上（例如场地状态是较软的球场）。英国的球员多选择这种球鞋。因为在英国的冬天，天气状况较为恶劣，场地总是处于湿滑的状态，所以鞋钉可替换式钉鞋在这种场地上更能发挥其性能。

接下来要介绍的是训练鞋。这种鞋的鞋底通常是由橡胶制成，基本上分为"草地用训练鞋"和"室内用训练鞋"两种。草地用训练鞋的鞋底有许多凸起状的疙瘩；而室内用训练鞋的鞋底则是光滑平坦的，这种球鞋经常用于小型迷你比赛。

另外还有跑鞋。当您想要热身却无法使用球场的时候，穿上跑鞋则能方便您在比赛会场外进行跑步热身。

虽然上述所列的运动鞋都被叫作球鞋，种类却玲琅满目。在选择球鞋的时候，请务必不要仅仅重视外形设计，而应选择适合自己脚型的球鞋。虽然会有些麻烦，但也不失为是一种乐趣。选择一双好的球鞋，能防止您受伤同时为提高您的球技助一臂之力。

草地用训练鞋

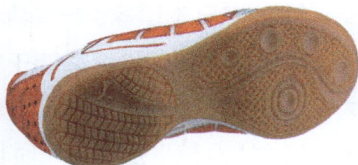

室内用训练鞋

1

在开始训练前请注意这些事情

踏实的训练是成为足球选手的必经之途。职业球员基本都会利用球队训练以外的时间给自己加训。在提高自己擅长的脚法的同时，克服自己不擅长的脚法。像这样的自主训练的时间是非常宝贵的。如果只是一味地被动接受，是无法学到足球真正的精髓的。在短时间内集中地开展自主训练是球技飞跃的捷径。

虽然谁都知道训练很重要，但是作为足球运动员，要使自己的能力获得更大的进步，"营养"与"休息"同训练一样重要。所谓"营养"，就是饮食。首先就是作为足球运动员必不可少的三餐一定要吃饱。大家是不是都很容易忘记吃早餐呢？但是早饭的内容请仅限于香蕉、面包和牛奶。并且，无论当天有没有训练，都要通过足量的饮食来确保这一整天的能量源。

笔者与日本国家队一起吃饭时被一件事震惊过。在结束上午的训练后的午餐中，球员们要吃四大碗咖喱饭。我打听后发现，他们打小学起就比别人饭量大上几倍。足球是一项非常需要耐力的运动，如果不摄取足以和运动量匹配的食物，那就会在中途"耗尽燃料"。另外，在小学和中学的时候越是能吃，就越能长得壮实。因此，请大家记住，饮食要充足。

当足量的饮食得到保证之后，还有一个很重要的事情就是要好好地休息。中学足球运动员大多睡眠不足。

在开始训练前请注意这些事情

我经常听到中学足球运动员说，他们在结束足球训练回到家的时候已经过了晚上9点。之后再吃饭，学习，看看电视，就到了零点或是凌晨1点了。如果在我们这一生中最重要的发育阶段却无法得到充分的睡眠，那么无论是身高还是身材都会受影响。因此每天请至少保证8小时的睡眠时间。

◆训练所必须的装备列表

☐ 足球
☐ 球鞋
☐ 护腿板（保护小腿）
☐ 训练服
　　（训练服上衣、球裤、球袜）
☐ 饮料（水或是运动功能饮料）
☐ 运动毛巾和替换衣物

虽然说起来简单，但是保持"训练""饮食"和"休息"之间的平衡却并非易事。随时将这些事情记在心里并当作每天的习惯去执行，是迈入成功的路途中尤为重要的一环。

话说到这里，大家为了踢足球所做的准备是不是已经相当充分了呢？当我们要踢足球的时候，有不少用品是必须逐一确认并携带的。请在出发前确认一遍，以防到了球场才发现"这个没带""那个没带"。上面的表格列举了训练时必须带上的用品列表，请再来仔细地确认一遍吧。

以取得训练、饮食、休息的平衡为前提基础，度过快乐的足球生活吧！

23

来做准备运动吧

在进行足球训练之前，必须做好"准备运动（热身）"。那么，为什么要做热身运动呢？因为只有让身体做好准备才能在训练时发挥出水平，同时防止受伤。虽然很少有小学生会意识到这一点，但是当成为中学生之后，他们很容易发生骨折、肌肉拉伤或是挫伤等较为严重的伤病。但若进行热身就能有效地减少出现伤病的几率。尤其是在天气寒冷的时候，热身的效果最为明显，所以请积极地进行热身。

接下来将按顺序介绍热身的流程。

步骤 —— 1

目标：提升心率，拉伸肌肉（5~6分钟）。

用缓慢的速度慢跑或运球。这是在任何训练计划前都要做的。不要突然提高速度，而要边慢跑边活动手脚，向各个方向做踏步动作（转换方向等）。

如果队内没有规定热身运动，建议进行自我热身——即自己做热身，来问问自己的身体"今天感觉如何"吧！

步骤 —— ②

目标：进一步提升心率，使身体习惯踢球的动作（5~6分钟）。

接下来，请逐渐提高速度。此时请不要进行直线运动，而应用到在比赛中经常出现的踏步动作。

步骤 —— ③

目标：把心率提升至最高水平（5~10分钟）。

在这个阶段通过进行冲刺跑等运动，使得身体适应场上多变的情况。如果有同伴的话，可以进行一对一的互相争抢球的活动。例如，可以开展如照片A"互相推挤对方的背部"的活动，或如照片B"只要摸到对方的膝盖就得一分"等一对一的对战活动。

如果接下来要进行的是射门或是传球的训练，则推荐在这一步中加入踢球的动作。例如说，长传需要非常强劲的肌肉力量，那么就可以在这个步骤中加入发力踢球的动作。

建议您按照上文所述的三个流程来进行热身运动。虽然初学者总是对热身运动敷衍了事，但请务必把这一环节加到你的训练菜单中去。

照片A 互相推挤对方的背部。

照片B 只要摸到对方的膝盖就得一分。

中场休息时间 1

从踢街头足球开启职业生涯的著名球星

所谓街头足球，简单来说就是"在街道上踢球"的意思。在很早以前，街头足球是南美大陆的主流足球文化。现在可以踢街头足球的地方变得越来越少了，原因是各个国家的道路情况起了翻天覆地的变化，当然这也是莫可奈何的事情。

在街头足球中明星球员辈出，尤其是巴西国家队的球员，基本都是从街头足球中产生的。从清晨到夜晚，无论哪条街巷都能当成足球场，因此也不难理解为什么他们能踢得如此之好。当然，也有不乏在街道上踢球非常危险的声音，有这样做到底意义在哪里的质疑。但反过来说，这也恰好证明了足球被世人喜爱到哪怕在路上也要踢的地步。只是，我们大可不必一定非要在街道上踢球，但可以在空地或是公园之类的地方踢上一场。一直踢到夜幕降临，在时间允许的情况之下竭尽所能地与足球亲密接触。若想要习得像罗纳尔迪尼奥那样灵动的触球方式或是高级的足球技术，除了多多和足球相处之外并无他法。

我理解大家也必须忙着辗转于补习学校和英语会话教室之类的地方。但是哪怕只能为足球挤出一点时间也好，去尽可能多地接触足球吧。除了足球外，踢卷成团状的报纸也好，甚至是网球也行，都能成为不错的练习。总之，你要重视用脚操纵球。来吧，跟我一起多多地接触球吧！

PART 2

颠球
——来玩踢足球吧

球是圆的
颠球的要领是准确地找到球的中心

　　颠球的基本要领就是要踢准球的中心。在练习的时候，一定要注意"把球朝正上方踢"。如果能做到把球朝上方踢正的话，颠球的次数也能逐渐增加。

　　当能把球往正上方踢的时候，尝试用身体的各个部位来颠球吧。不光是惯用脚，如果非惯用脚也能颠球的话，就能立现朋友和你之间的差距。当双脚都能颠球的时候，就说明你的实力已经得到大大的提升啦。

伸展脚腕。　　　　　　　　　　　　　　不可以把脚腕弓起来！

注意！ 请务必伸展脚腕，用脚背去踢球。如果此时将脚腕弓起而使得球摇摆不定的话，就不能让球笔直地向上弹了，所以请务必注意！

球是圆的

把球轻轻地朝上投掷。

看准球路。

使球弹起。

仔细地确认球弹起的路线。

伸展脚腕轻轻地把球向上踢。

接住踢上来的球。

通向成功的建议

踢一次再让球弹一次，首先从重复这个动作开始练习颠球吧。请记住，在刚开始练习的时候，比起次数更为重要的是能在每一次的颠球中都能把球朝正上方踢准。当能像上图一样使球弹正的时候，再由少到多地逐渐增加颠球次数。

来练习颠球吧
用正脚背来颠球

本练习要求看准球路并动作正确地用脚接住落下的球。来试试固定好脚背的位置，轻轻地把球朝正上方踢去吧！这是开始颠球的第一步。在最开始的时候请不要关心颠球的次数，而应当重视每一次颠球都能把球朝正上方踢准。

正脚背踢

伸展脚腕用脚背踢出的强劲一击。

（☞至第64页）

把球朝正上方抛出。（让球垂直落下也可）

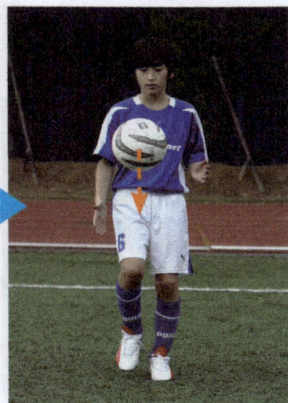

看准球路伸展脚腕。

用脚背接住球。

轻轻地把球朝上踢。

切勿用力过猛。

接住踢上来的球。

来练习颠球吧

注意！ 如果触球的位置错误，球是颠不好的。如果失败了，就从头再来，把心思集中在颠好每一个球上来进行练习吧。

NG

如果没踢准的话……

就不能使球向正上方弹起。

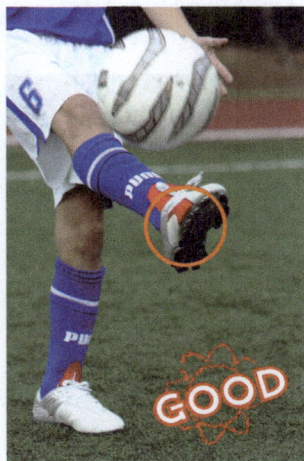

GOOD

一定要伸展脚腕。

通向成功的建议

看准球路，在把球往上踢的时候试着让身体放轻松。如果身体绷得太紧，是不能得心应手地操控球的。

2

来练习颠球吧
用脚内侧来颠球

本练习要求看准球路并用脚正确地接住落下的球。把脚腕向内侧转，尝试用脚的内侧（内脚踝略偏下的位置）来轻轻地颠球吧！

连续做脚内侧颠球是非常困难的，所以首先从"踢一次就接住"开始反复练习吧。

脚内侧踢

这是使用脚的内侧的脚法，也是传球的正确脚法。

（☞至第70页）

把球往正上方抛出（让球垂直落下也可以）。

看准球路，固定好你的脚腕。

在小腿和地面处于水平的位置把球向上踢。

轻轻地把球向上踢。

切勿用力过猛。

接住踢上来的球。

固定好脚腕是非常重要的。

提高小提示

- 请务必让踢的位置和地面保持水平。
- 当球被脚内侧接住的时候，用力要轻。

如果你掌握了诀窍

把投过来的球用脚内侧踢回去

就来挑战一下把投过来的球用脚内侧踢回去的训练吧！在把球往回踢的时候请瞄准对方的胸口周围。

10次中你能正确地踢回去几次呢？

请试着固定好脚腕的姿势，再像是推出去那样把球踢回去。

请注意不要失去身体的平衡。

在踢的瞬间，球像是被推出去的感觉。

把球踢出去之后的跟进动作也是非常重要的。

2

用脚外侧来颠球

本练习要求看准球路，用脚正确地接住落下的球。把脚屈向身体外侧，用脚外侧一面把球轻轻地向上踢。用脚外侧颠球需要较为高超的技术，所以如果做不到也请不要放弃，坚持不懈地挑战下去吧！如果掌握了这项技术，则是您的球技得到了提高的证明。

脚外侧踢

这是使用脚的外侧的脚法。能用这种脚法来处理棘手的球。

（☞至第78页）

把球朝正上方抛出。（使球垂直落下也可）

看准球路。

在小腿和地面处于水平的位置把球向上踢。

在触球的瞬间把球轻轻向上踢。

切勿用力过猛。

接住踢上来的球。

来练习颠球吧

- 请注意保持身体平衡。
- 利用脚的外侧精准地触球。
- 踢球的位置应当与地面保持水平。

如果你掌握了诀窍

把投过来的球用脚外侧踢回去

就如同把投过来球用脚内侧踢回去的训练一样，也来挑战用脚外侧踢把球踢回去的训练吧！

脚外侧踢是球技熟练的人才能掌握的技术，因此如果能做到这一点，说明您已经具备了一定的球感了。

请坚持不懈地练习，直到双脚都能用脚外侧颠球为止。

在比赛中，脚外侧踢常常在自己没有时间停球的时候建立奇功，同时这也是让对手出其不意的高招。只要能在正式的比赛中运用得当，则能炫出自己精彩的球技。

请注意不要失去身体的平衡。

在踢的瞬间，球像是被推出去的感觉。

把球踢出去之后的跟进动作也是非常重要的。

来练习颠球吧
用大腿来颠球

本练习要求看准球路，用脚正确地接住落下的球。在球碰到大腿的瞬间，把大腿轻轻地向上顶并把球推出。这个动作哪怕是刚开始接触足球的人也能轻松完成。

大腿颠球

本练习能帮助你把握球感，这项技术也是在停球时经常使用的技术。

把球往正上方抛出。（让球垂直落下也可）

弯曲膝盖，用大腿中心附近的位置接住球。

当球碰到大腿的瞬间轻轻地把大腿向上顶。

接住踢上来的球。

GOOD

触球的位置相当关键。

如果你掌握了诀窍

把投过来的球用大腿停球再用手接住

来做用大腿把投过来的球轻轻地向上顶然后用手接住的练习吧。只要让球碰到从膝盖到大腿根部之间正中央的位置就能顺利地完成这个动作。

看准球路。

请注意保持身体的平衡。

在触球的瞬间轻轻地向上顶。

切勿用力过猛。

请注意须把球踢到和自己的背等高的位置。

接住踢上来的球。

注意！ 如果膝盖抬得过高，就会使球打向自己的脸，因此请务必小心！

2

来练习颠球吧
用头来颠球

　　本练习要求看准球路，用额头或是额头稍往上的部位接住落下的球。当球碰到额头的瞬间，用头轻轻向上顶。如果把眼睛闭上，就不能用额头准确地接住球，所以请注意这一点。

把球向正上方投出。

请注意不要把球投得过高。

盯准投向上方的球。

用额头正确地触球。

把球顶出后也要把球盯牢。

接住球。

如果你掌握了诀窍

把自己投出去的球用头球顶向对方

　　非常重要的一点是直到球碰到额头那一瞬之前都要牢牢地盯紧球的走向。如果让球碰到头顶或是闭上眼睛的话，都不能使球准确地飞向预设的方向。刚开始练习的时候不要把球往上投，而是用手把球举起来，用额头去顶落下来的球。

自己把球往上投。

牢牢地盯紧落下的球。

在球碰到额头的瞬间把球顶出去。

整个身体活动起来，把球推出去。

基本上头球都是用额头来打的。

来练习颠球吧
用肩膀来颠球

本练习要求看准球路，把下落的球用肩膀接住。在球碰到肩膀的瞬间，用肩膀向上顶。当利用身体的各个部位来触球，获得了一定球感后就能做到这样的颠球。请来挑战用肩膀把球顶向正上方吧！

把球向上抛。

牢牢地盯住落下来的球。

在肩膀碰到球的瞬间也不要把视线移开。

用肩膀轻轻地向上推。

肌肉一定要放松。

接住球。

来练习颠球吧

首先从"把投上去又下落的球用肩膀轻轻地往上顶再接住"的练习开始尝试吧。如果在接球时肩膀用力过猛就无法让球朝自己预设的方向飞，所以请务必注意这一点！

■颠球的总结■

颠球就根本来说，不过是一种"游戏"，所以无论使用身体的哪个部位来颠球都无所谓。除了本书到此所介绍的几个部位外，用胸口或是脚踝等部位也能颠球。

颠球能让人获得一定的球感，它既是一种游戏，也是在亲近足球的同时学习基本技巧的一种训练。当能出色地颠球时，就意味你控球的技术得到了提升，此时就能进入到下一个阶段——即该如何巧妙地控制"实际的足球"这一课题了。您现在是否不仅能完成本书所介绍的颠球方法，甚至还能利用身体的各个部位来颠球呢？您和朋友们又各能颠几下呢？都能利用身体的哪些部位来颠球呢？让我们来比一比吧。

在接下来的一页里将要介绍的"把球从地面勾起来"的技巧。和颠球同样，这是提高您的控球技术必不可少的训练。

2

把球向上勾

先用脚底搭在球的上面，接着把球向后引，用脚尖把球朝上挑起来。然后把脚尖放到被挑高的球和地面之间，用从下往上捞球的动作把球勾起来。由于这是较为简单的挑球，所以请一定要踏实熟练地掌握这项技术。不是用手，而是用脚把球勾起来再颠球的样子真是帅极了！

把脚底搭在球上面。

先用脚底轻轻地把球拉近身，再把脚尖放到球的下方。

感觉就像是把球捞起来一样。

把球带到和膝盖等高的位置。

立刻做好接球的准备。

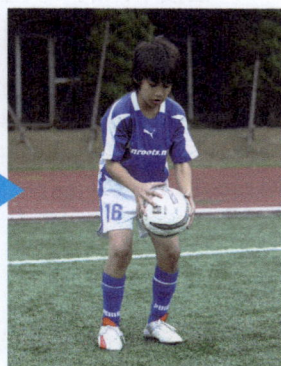

在球落到地面之前接住。

从侧面看到的样子

把脚底搭在球上面。

轻轻地把球拉近身。

立刻把脚尖放到球的下方。

就这样把球捞起来。

把球带到手能接住的高度。

接住球。

通向成功的建议

如果放置球的位置太靠近脚底，那么就没有把球拉近身的空间了，所以要注意把球放在离自己稍远一点的位置。另外，如果把球拉过来的力量过大则会对挑球造成很大的困难，所以请注意不要用力过猛。先从用手接住带上来的球开始练习。当这一步熟练之后，再练习颠被脚尖带上来的球。

来玩踢足球吧！
挑战简单的挑球
双脚夹球挑球

　　保持用双脚夹住球的姿势起跳，再接住球。成功的要诀是双脚要把球夹紧及抓准放开球的时机。只要能把球夹紧，就成功了一半。首先从起跳后接住飞起来的球开始练习吧。

把球紧紧地夹在双脚之间。

保持夹球的姿势起跳。

在空中也要把球夹紧。

在跃起的最高点放开球。

使动作连贯一气呵成，做好接球准备。

接住球。

来玩踢足球吧！挑战简单的挑球

注意！ 如果夹球的力量太弱或是没有把球夹在双脚正中央，球就会在起跳的时候掉下去，因此练习时请务必注意。

用内脚腕相邻的部位牢牢地夹住球。

脚尖无法牢固地夹稳球。

提高小提示

- 应当把球夹在双脚内侧（脚踝附近）并固定使球无法移动。
- 放开球的时机既可以是跃起的最高点，也可以是在起跳姿势结束之后。
- 当掌握这一动作之后，试着颠带起来的球。

来玩踢足球吧！
挑战简单的挑球

来玩踢足球吧！
挑战简单的挑球
双脚夹球向后挑球

　　双脚夹球起跳转体，接球。只要转体的动作正确，很轻松地就能接到放出来的球。这种挑球方法非常帅气，请一定要掌握哦。刚开始的时候球可能会打到臀部或是朝身后飞走，但是无论失败多少次都不放弃的精神是非常重要的。

把球紧紧地夹在双脚之间。

保持夹住球的姿势起跳。

起跳的同时扭转上半身。

屈膝，把球带到高处。

上半身保持转向的姿势时做好接球准备。

接住球。

来玩踢足球吧！挑战简单的挑球

如果用靠近内脚踝稍前的位置去夹球，就很容易在起跳的时候让球落下去。请一定要用内脚腕相邻的部位牢牢地夹住球再奋力起跳。

用内脚腕相邻的部位牢牢地夹住球。

脚尖无法牢固地夹稳球。

通向成功的建议

转体起跳时做出看向斜后方的动作，或是仅让头（脖子）向后转的感觉去试着做做看。

来玩踢足球吧！
挑战简单的挑球
把球停在脚背上

　　拿球，把球慢慢地放在脚背上。当球放稳之后，单脚站立，保持身体的平衡。球停在脚背上的感觉非常不可思议，也很有意思哦。你能让球停在脚背上保持多长时间呢？和朋友们比比看吧。能保持10秒以上就算你厉害哦！

拿球。

把球放在脚尖上。

像是要把球夹起来一样轻轻往回勾。

使球放稳后把手撤走。

一边注意保持身体的平衡。

一边挺直上半身。

如果你掌握了诀窍

不用手也能让球停在脚背上

当熟练掌握借助手把球停在脚背上之后，这次来试试不用手也能让球稳在脚背上吧。

请参考"把球向上勾"（至第42页），先把球向上勾，再让落下来的球停在脚背上。动作缓慢且谨慎小心是成功的诀窍！

若在把球拉过来时用力过猛就会使球从脚背上掉下来，所以如果失败了，请记住当时拉球力道的强弱，避免再犯同样的错误。

把脚底搭在球上。

把球轻轻地拉过来。

迅速把脚尖放到球下面。

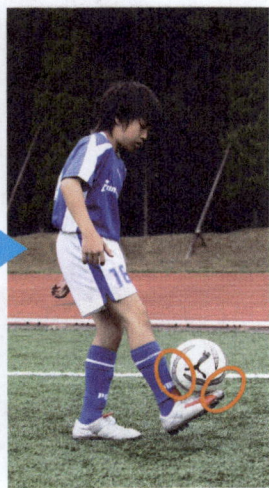

当球落到脚背上之后，就将脚背朝内转把球夹稳。

注意！ 在单脚站立的时候如果身体摇摆不定，就无法使球稳定地停在脚背上，请务必注意。

准确地控球
利用脚内侧和脚外侧来停球

所谓的脚内侧停球，是把滚过来的球轻轻地用脚的内侧触球使球停下来的技术。如果脚用力过猛，就会使球弹走，所以请务必注意不要用力过猛。膝关节不要发力，而是以吸收球的冲力的感觉去尝试。这是足球中最为基础的停球动作，请务必牢固掌握。

牢牢盯住滚过来的球。

注意不要让身体往后仰。

牢牢地固定好脚腕。

碰到球的瞬间尽量不要发力。

以吸收球的冲力的感觉去停球。

把球控制在自己的脚可以够到的范围内。

准确地控球

若把球停在身体的正下方就难以处理了。

出脚位置过于靠前。

注意！

如果把球停在自己身体的正下方，根据当时情况，会给下一脚球的动作造成一定困难，因此请注意不要把球停在身体的正下方。另外，如果出脚位置过于靠前也很容易引起失误。边练习边寻找自己趁手的停球点吧！

脚外侧停球是……

这是一种让对手远离球的控球技术。

用身体的侧面对着球，让身体重心落在和球相反方向的那只脚上并将球停住！转动脚腕的力度要轻是这一动作的要诀。

牢牢盯住滚过来的球。

力度柔和地屈膝。

以吸收球的冲力的感觉去停球。

把球控制在自己的脚可以够到的范围内。

准确地控球
利用脚底来停球

　　用脚底来控球这一技术不仅应用于正式的足球比赛中，在最近非常流行的室内五人制足球比赛中也被广为使用。对着滚过来的球，用倾斜成45度角的脚底堵住球的去路，停球。这是控球技术中最为简单的停球方法，应该立刻就能学会。

牢牢地盯住滚过来的球。

把脚尖朝上。

用脚底堵住球。

把脚腕弯成45度角摁住球。

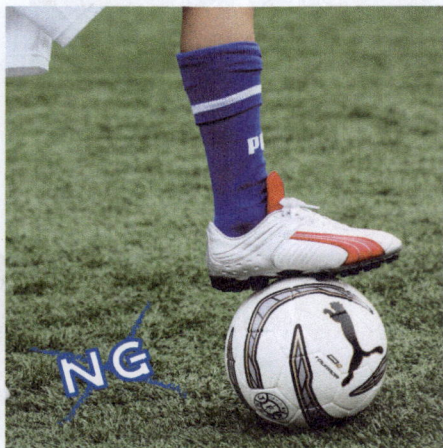

如果从正上方摁球，则球很容易滑脱。

准确地控球

从用脚底控球到传球的动作

先把脚底停下的球轻轻地往前推，再接脚内侧踢。

第一步，脚底摁在球上。

把摁住的球轻轻地向前推。

注意不要推得过于用力。

把球推出去的动作一气呵成。

轴心脚用力踩稳。

接脚内侧踢。

通向成功的建议

刚开始踢球的人可以从脚底停球开始掌握停球的技巧。当能掌握这个技术之后，再逐渐加快传球的速度，以适应快节奏的传接球。

准确地控球
利用胸部来停球

　　这是把飞过来的球利用胸部来控球的技术。这个技术的要诀是夹紧两肋，感觉自己的胸部轻轻向前突出。这项技术用于停高于腰部的球！虽然在刚开始练习这个动作的时候可能会害怕飞过来的球，但您一旦掌握了就能成为一门非常有用的技巧！

轻轻地把球向上抛。

如果抛得过高就很难接准，所以请务必注意。

轻轻地把身体向后倾，挺直胸膛。

请注意不要把球推得过于靠前。

用目光紧紧跟随停下的球。

球落下来之后也要将其控制在自己身边。

准确地控球

把投过来的球用胸口停住

观察飞过来的球。

轻轻地挺直胸膛，吸收球的冲力。

请注意不要让球飞得过远。

GOOD
轻轻地挺胸就好。

NG
若上半身过于向后倾就会失去平衡。

注意！

在停球的时候，如果让身体过于向后倾就会浪费很多时间在后续调整上。同时，也有可能会导致身体失去平衡，所以请务必注意不要让身体太过后倾。

通向成功的建议

先从自己把球往上抛掷并用胸部接住的练习开始训练。当能熟练地完成这个动作之后，再让别人朝自己投球。越是接近实战的训练，就越能助你更快地通往成功。停球后正确地执行控球的动作也是非常重要的一点。

2

准确地控球
利用大腿来停球

　　这项技术运用于把朝自己飞过来的球用大腿控制的时候。它利于控制高于腰部的球。但和颠球不同的是，在用大腿控球的时候尽量不要使球弹起来。这项技术难度不高，所以就来挑战试试吧！

把球向正上方抛掷。

牢牢盯住向下落的球。

用大腿轻轻地触球以吸收球的冲力。

不要把球顶出去而应轻柔地触球。

用目光紧紧追随停下的球。

在球着地前都要控球。

准确地控球

注意！ 在停球的时候请注意不要让球撞到自己的脸，因此必须要调节膝盖的高度和角度。

把投过来的球用大腿停住

牢牢盯住飞过来的球。　　吸收球的冲力。　　轻轻地触球让球弹起来。　　停球后控球。

GOOD

让肌肉放松以使球轻轻地落在大腿前方。

NG

如果膝盖抬得过高，则无法把球停住。

提高小提示

• 首先从自己把球向上抛然后用大腿接住的练习开始训练。

• 如果能找到搭档向自己投球来进行训练的话，就能更接近实战了。

准确地控球
利用脚来停空中球

　　来试试用脚停空中球吧。若能用脚背和脚尖之间的部位轻轻地触球并止住球下落的势头，就能自然地停住球。务必不要使球在触到脚背后弹飞，脚部肌肉放松，力道要柔和。只要成功一次就能抓住球感，因此这应该也是一个很容易上手的技术。

把球向上抛掷。

牢牢盯住落下来的球。

配合落下来的球抬高自己的脚。

边观察球的速度边把脚放下来。

利用放下来的脚吸收球的冲力。

在球着地前都要控球。

准确地控球

注意！ 请注意，如果把脚尖伸直绷紧或是把脚腕挺得笔直，就会使球弹走。试着在把球向下引的同时给予其轻柔的缓冲，消减球的冲力。

脚尖轻轻向上翘起，在把球向下引的同时给予球一定的缓冲。

脚腕紧绷则会使球弹飞起来。

提高小提示
* 这个动作要求用脚背稍稍靠前的位置接住下落的球。

中场休息时间 2

来好好思考一下颠球的目的吧

就从颠球是熟悉球感的最佳方式这一点上来说，它是应最先身体力行的训练。虽然颠球训练大多可独立完成，但当累计到一定的次数、也挑战了各式各样的技巧之后，就请试试和其他人一起，把颠球当成是一种游戏来享受它带来的乐趣吧。例如说，两个人来比比看能连续颠球多少次呢？球先落地的人就算输！当颠球变成一种游戏之后，瞬间就能把气氛炒高了。

不过要注意的是，当多了一个人和你颠球的时候，请记住颠球只是和球成为好朋友的训练，请不要错以为"颠球颠得好等于踢球踢得好"。这并不是说颠球训练是有问题的训练方式，而是您务必要清楚，颠球和踢球之间有着相当大的差别。

由于颠球这项训练在触球时不用考虑来自对方球员的压力，因此在练习的时候轻而易举地就能颠得顺风顺水。然而，足球是有对手才能成立的游戏，因此所使用的技术也有所不同。纵然颠球能使刚开始踢球的孩子获得一定的球感同时也是热身的一个重要环节，但不能把颠球与踢球划等号。足球是一项包含了停球、运球、传球和射门的运动。请记住，颠球不过是为了掌握这些技术而采取的训练手段罢了。

为了更接近实战，若能一边感受着朋友给予自己的压力一边设法增加颠球的次数，则更能体会到比赛的感觉。

PART 3

脚法

——来挑战各种各样的脚法吧

3

脚法的诀窍在这里
根据触球点来改变球运动的方向

足球的根本，是从踢球的"脚法"开始的。就让我们来学习应对不同情况的正确脚法吧。

根据脚法的种类不同，其精准度、强度、高度、距离都会有所不同。首先从学习传球的种类开始，加以练习，再将其运用到比赛中去吧。

接下来，我将介绍几种基本的脚法。当掌握了这些基础之后，以此为起点去思考自己的独创脚法也是一件非常有意思的事情。像贝克汉姆那样著名的职业球员的基本脚法都很优秀，但是也会有除了他们本人外别人都模仿不来的技术。

就脚法而言，每个人的感受各有不同，请带着自信的态度多踢多感受，最终形成自己的风格吧！

---

1 INSTEP KICK　　　至第64页
正脚背踢

正脚背踢指的是用脚背来踢球。这种脚法适于踢出势大力沉的球，也是应用得最多的脚法。

【精准度】
【力　度】

---

2 INSIDE KICK　　　至第70页
脚内侧踢

脚内侧踢指的是用脚的内侧来踢球。由于触球面积广，适用于精准的传球或是射门。

【精准度】
【力　度】

---

3 OUTSIDE KICK　　至第78页
脚外侧踢

脚外侧踢指的是利用脚的外侧来踢球。这种脚法往往出乎对手意料，也能踢出回旋球。

【精准度】
【力　度】

---

4 TOE KICK　　　　至第80页
脚尖踢

脚尖踢指的是用脚尖来踢球。动作虽小却能踢出高速球。

【精准度】
【力　度】

脚法的诀窍在这里

球飞的方向

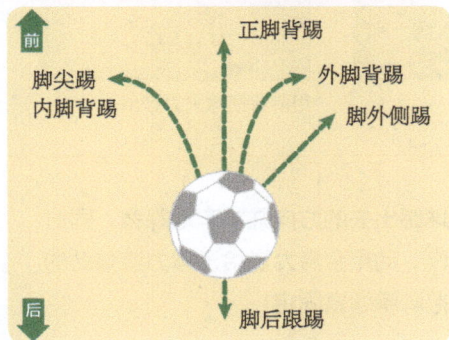

前

正脚背踢

脚尖踢
内脚背踢

外脚背踢

脚外侧踢

后

脚后跟踢

---

5 **INFRONT KICK**　　　至第82页
内脚背踢

　　内脚背踢指的是用脚的大脚指指根相邻部位来踢球。综合来看，其精准度较高，同时力度较强，因此适合应用于长传或弧线球。

【精准度】🔵🔵🔵🔵⚪

【力　度】🔵🔵🔵🔵🔵

---

6 **OUTFRONT KICK**　　至第84页
外脚背踢

　　外脚背踢指的是用脚的小脚指指根相邻部位来踢球。用右脚外脚背踢能使球的路线划出一道向右弯曲的曲线。

【精准度】🔵🔵🔵⚪⚪

【力　度】🔵🔵🔵🔵⚪

---

7 **HEEL KICK**　　　　至第86页
脚后跟踢

　　脚后跟踢指的是脚后跟来踢球。眼睛不看球而把球踢出去，能传出出乎对手意料的好球。

【精准度】🔵⚪⚪⚪⚪

【力　度】🔵🔵🔵⚪⚪

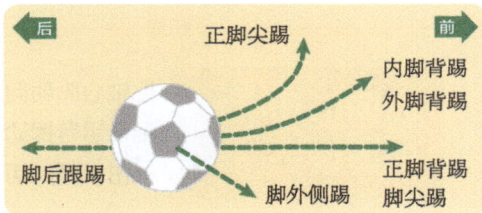

后

正脚尖踢

前

内脚背踢
外脚背踢

脚后跟踢

正脚背踢
脚尖踢

脚外侧踢

提高脚法的计划①
掌握正脚背踢

正脚背踢指的是用脚背来踢球的脚法。这种脚法能踢出势大力沉的球。因此当你想要踢出强力的射门的时候，这种脚法就再适合不过了！

把球盯牢。

请注意轴心脚在地面踩稳的位置。

大幅挥动手臂顺势踢球。

膝关节用力向后抬。

确保轴心脚踩牢。

用脚背把球大力送出。

通向成功的建议

把轴心脚朝向要把球踢出去的方向并牢牢地踩稳，同时配合手臂挥动的动作，动用全身力量给予球力道强劲的一击。同时切记要把脚腕绷直固定！

提高脚法的计划①

轴心脚和球的位置

　　如果轴心脚和球靠得太近或是离得太远都不能顺利地把球踢出去。请找到一个让自己踢得最舒服的位置。

请瞄准球的中心

　　先把脚背绷直，固定好姿势之后再踢向球的中心。如果稍稍弯一下大脚指，发力就更轻松哦！

3

正脚背截踢低空中球

这次让我们来挑战一下空中球吧！由于较难抓住踢的时机，所以请一定要仔细观察球的走向，敏捷地挥动膝盖以下的部位去触击球的中心吧！若能脚法娴熟地用正脚背截踢空中球，那种感觉是非常舒服的。

仔细地观察球并移动到球下落的地方。

整个身体都做好接球的准备。

把球盯紧，同时寻找踢球时机。

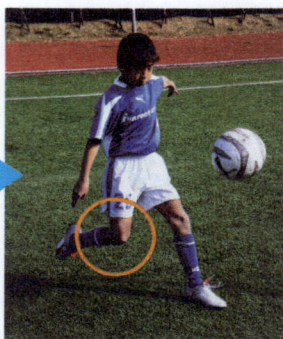

迅速挥动膝盖下方以接住球。

绷直脚背固定好姿势，用脚触击球的中心。

把球送出去。

通向成功的建议

由于动作幅度较大，因此抓准正确的踢球时机是件非常困难的事情。把握时机，挥动膝盖以下的部位。

实用篇　正脚背截踢高空中球

　　现在来挑战强力的截踢吧！这个踢法要求球员动用整个身体的力量截踢从侧面飞来的球的中心。大幅度地挥动手臂，在保持身体平衡的前提下起跳！这个动作好帅气！

挥动手臂准备起跳。

用踢球脚起跳。

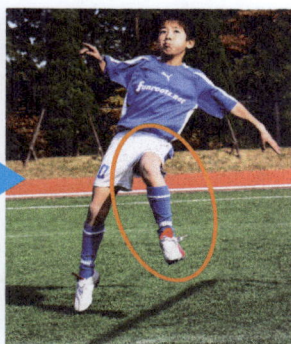
用轴心脚膝盖的高度来调整起跳的高度。

用膝盖以下的部位配合时机挥动。

把球盯紧，用固定好姿势的脚腕把球击出。

目光追随球的路线直到最后。

提高小提示

- 刚开始时不要带球训练，而是先学会正确的截踢动作。
- 起跳要用踢球脚。
- 脚的运动和手臂的挥动是这个动作成败的关键。

提高篇
来做这样的练习吧

　　正脚背踢指的是用脚背来踢球的脚法。这种脚法能踢出势大力沉的球。因此当你想要踢出强力的射门的时候，这种脚法就再适合不过了！

练习①
强化轴心脚和平衡

　　这是以2人为1组，单脚站立后，和搭档用球互相推搡的游戏。根据情况可以突然让身体肌肉力量放松，或是用单脚跳跃来迫使对方失去平衡。在玩的过程中仅靠单脚站立可以锻炼身体的平衡能力。当身体具备一定的平衡能力之后，踢球时轴心脚就不容易失去平衡了。在保持平衡的时候，把轴心脚膝盖的力量放缓。

练习②
发现恰当的击球点

　　这是以2人为1组，把球用脚背互相推搡的练习。只要能把握住球的中心（照片中虚线位置）既是最为恰当的击球点、也是最适合触球的位置这一点，力量就能得到巧妙的传导从而不会使得球朝预期外的方向飞走。和朋友们一起发现恰当的击球点，用脚牢牢记住球的触感吧！

　　切勿太过较真，以免踢到你搭档的脚！

练习③
随时注意球的中心

先使球弹起来再颠一次，始终注意踢球的中心。

这是只要有一个球就立刻能开始的练习。

用正脚背从球的正下方踢球。务必把脚背绷直再踢。只要踢球的动作是正确的，球就不会发生旋转而是直直地向上飞。

踢一次，弹一次，踢一次，弹一次，请根据以上步骤反复练习，最终学会踢球的中心。

让球弹起来。

用脚背稳稳地接住球。

注意不要让球旋转。

注意踢球的中心。

反复地尝试。

3

提高脚法的计划②
掌握脚内侧踢

　　所谓脚内侧踢就是指用脚的内侧（脚心的上面）来踢球。该脚法能精准地把球送到预想的位置，因此非常适合运用于向附近的同伴传球或是向已瞄准的目标射门时。我们首先从瞄准一个地方踢球开始练习吧。

直线接近球。

盯紧球。

把轴心脚置于球的旁边。

让轴心脚的膝盖略微弯曲，并牢牢踩稳。

用脚内侧的"面"去触球。

把球送出去。

通向成功的建议　千万不要绷紧轴心脚的膝盖而应该使其保持略微弯曲的状态，并朝着踢球的方向踩稳。把踢球脚的大脚指向上翘，能使脚腕呈L字固定。

提高脚法的计划②

触球点与轴心脚与球的位置

　　用脚的内侧（脚心的上方）准确地触球的中心，同时就势把球推出去。而轴心脚应放在球的附近，当踢球脚位于和轴心脚呈90度的位置时，就能更加漂亮地把球踢向自己瞄准的地方。

触球点应是球的中心。

轴心脚和踢球脚呈90度。

轴心脚与球的位置的错误示范

轴心脚太过靠后。这样身体的动作很容易被对手看穿，没法顺利地把球传出去。

轴心脚太过靠前。这样很容易被球绊倒。

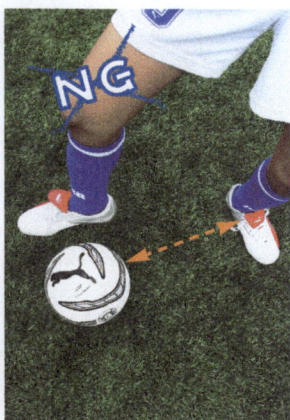

轴心脚位置太远。这样很容易使身体发生摇晃，踢球脚无法踢准正确的位置。

实用篇 把从斜左方传来的球 踢向斜右方

当能熟练地运用脚内侧踢把球往直线方向踢之后，这次来挑战下"改变方向的脚内侧踢"吧。首先从轴心脚方向来的球开始尝试。

把身体转向球来的方向。

准备迎球，仔细观察球的来向。

把轴心脚移动到想要踢的方向。

把轴心脚和身体转向要踢的方向。

找到球的中心。

把球向踢的方向推出去。

提高小提示

- 即使是在改变球的方向时候，轴心脚的脚尖也应对着踢的方向。
- 应对从轴心脚方向来的球，就要先把球迎进来再推出去。

把从斜右方传来的球踢向斜左方

这次来挑战从踢球脚方向来的球吧！请注意这和从轴心脚方向来球的内侧脚踢的基本动作有所不同，踢球脚须强劲地挥动再配合时机，利用腰部转动的力量加强对球的作用力！

把身体转向球来的方向。

把球盯紧。

把轴心脚转向球来的方向和欲把球踢往的方向之间。

踢球脚的动作幅度要小。

找到球的中心。

把球往要踢的方向推出去。

提高小提示
- 从踢球脚方向来的球，要用轴心脚靠前的位置踢。
- 利用转动腰部增加对球的作用力。
- 固定好踢球脚脚腕的姿势。

实用篇 在跑动时用脚内侧截踢

把空中球用正确的脚法进行内侧脚截踢。仔细观察球的来向，保持正确的姿势直到最终把球推出去。

如果能掌握这个动作的话，一定会让您对直接对抗信心满满！

仔细观察球的来向。

把身体转向球来的方向，做好踢球的准备。

在寻找时机的同时盯紧球。

看清楚球的落点，把轴心脚向要踢的方向踩稳。

固定好脚腕的姿势，踢球的中心。

保持好姿势，把球推出去。

通向成功的建议

如果身体能一直保持正确的姿势就能仔细地观察球的路线。直到最后都要把球盯牢。

提高篇
来做这样的练习吧

练习①
发现最佳触球点

　　2人为1组，把球用脚的内侧（脚心）相互推送。只要能用脚的内侧（脚心）准确地碰到球的中心，力量就能巧妙地传导而使得球不会乱跑。

　　和朋友一起发现最佳触球点，用脚牢牢记住脚内侧踢的感觉吧！

3

练习②
来提高脚法的精准度和触球的柔和度吧

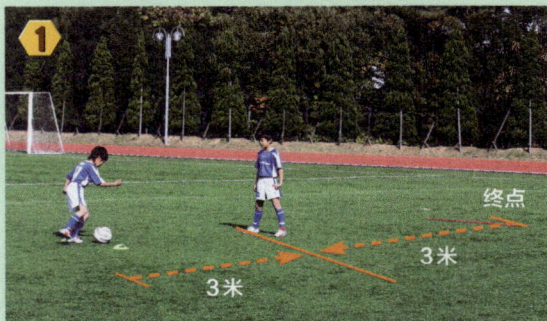
终点
3米
3米

终点

终点

过人&停球游戏

1
2人为一组，其中一人把脚做成一道拱形。

2
另一人为踢球方，从起点把球踢过"拱桥"。

3
踢球方跑到终点线前把球停住。

只要能让球通过两脚之间的拱桥并在终点线前把球停住的话，踢球者得一分。

五战决胜负。思考踢的方向和力度，以获得5分为目标！

练习③
提高临场对应能力和敏捷度

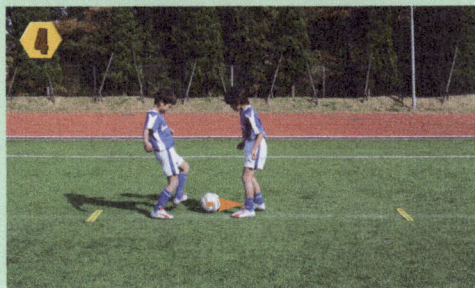

4米

用直传球来体验
接近比赛的感觉

1

2人为1组，面对面用脚内侧进行直传球，一边传球一边向对方靠拢。传球失误那一方算输。

2

尽量不要让彼此犯错，谨慎小心地把球传回到对方脚下。

3

和对方的距离逐渐拉近的时候，如果不能用脚内侧踢来敏捷地处理球的话就会输。

4

来热血地挑战彼此的极限吧！

提高脚法的计划③
掌握脚外侧踢

所谓脚外侧踢就是用脚的外侧（小脚指指根相邻部位）来踢球。柔和地运动膝盖，把球向斜右前方准确地推出去！

让身体保持向前倾的姿势，并把球向斜侧踢的话，就能传出出乎对手意料的传球。

把球盯住。

让全身都向球的方向倾斜。

用轴心脚在离球稍远一些的位置踩稳。

使膝盖置于球的上方。

膝盖以下部位用力要轻柔。

保持姿势同时把球准确地推出。

提高脚法的计划③

触球点与轴心脚与球的位置

　　用脚的外侧（小脚指指根相邻部位）准确地踢球的中心，使踢球脚的脚尖保持朝前，同时活动膝盖以下部位，向右斜向前方将球推出去试试。轴心脚的脚尖要保持和身体同样的朝向，面朝正前方踩稳。

正面

提高小提示

- 轴心脚必须面朝正面。
- 踢球脚的膝盖用力要轻柔。
- 用脚外侧去触球的中心，活动膝盖以下部位向右斜向前方将球推出去。

提高脚法计划④
掌握脚尖踢

　　所谓的脚尖踢，就是用脚尖来踢球。通过这个技术，哪怕是轻巧的动作也能踢出不仅力度大且速度快的球。巴西国家队的罗纳尔多选手也经常会在时机恰当的时候利用这种脚法来进球。

把球盯牢。

调整步幅。

轴心脚踩稳。

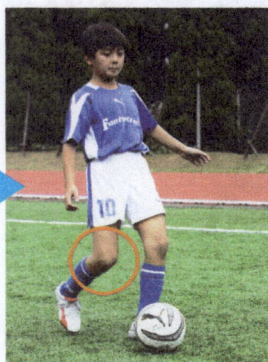

踢球脚的膝盖用力要柔和。

找到球的中心。

把球向前推送。

通向成功的建议

请一定要记住，膝盖以下部位的动作应当幅度小且频率高。先要把球盯牢，再用脚推球的中心。

提高脚法计划④

找到球的中心

请踢球的中心部位。只要能做到这一点，就能朝瞄准的方向踢出高速球。

NG

GOOD

NG

提高小提示

请在练习时注意以下事项。

- 脚腕要固定成L型。

- 踢球的中心。
- 膝盖以下部位的动作应当幅度小且频率高。
- 为了避免伤到指甲请把大脚指向上翘。

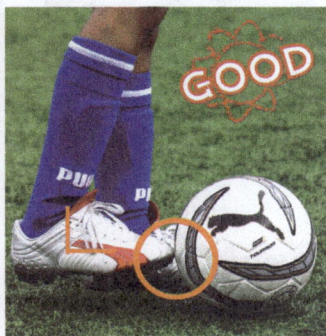

GOOD

提高脚法的计划⑤
掌握内脚背踢

所谓内脚背踢就是用大脚指指根去踢球的中心部位。若想要踢出力道强劲的球或是曲线球的话，这种脚法就最为适合了。如果你曾观察过职业球员是怎么踢球的，你就会发现他们多在开任意球或是角球的时候使用这种脚法。

紧紧地盯住球。

张开双臂。

把轴心脚的脚尖朝向球预设被踢往的方向。

轴心脚踩稳，把轴心脚和身体转向球踢出的方向。

找准球的中心部位的下方。

大力地挥动踢球脚。

触球点与球的位置

把脚腕的姿势固定好之后，用大拇指指根踢球的中心的下方。想要把球向上踢，就必须踢准球的下方。

踢的姿势

若想要把球向高处踢，就得挺直上半身。如果踢球时用力过猛就容易使身体向前屈从而无法踢到球的下方，更无法把球向上踢。把身体放松下来同时在脑海中浮想出挺起胸膛的姿势，多挑战几次吧！

提高小提示

- 挥动脚部的动作幅度要大。
- 挺起胸膛。
- 轴心脚膝盖的力道要放轻柔。
- 身体放松。

3

掌握外脚背踢

　　所谓外脚背踢就是指用小脚指指根踢球的中心的下方。身体放松，踢球脚挥动的幅度要大，这个动作其实相当简单。甚至能让球在射门时打出向右旋的回旋球。

盯住球。

面对球正面靠近球。

以离球中心稍往左偏的位置作为焦点。

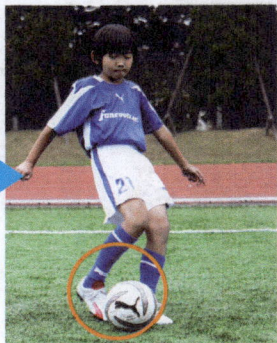

使脚外侧贴近球的中心的下方。

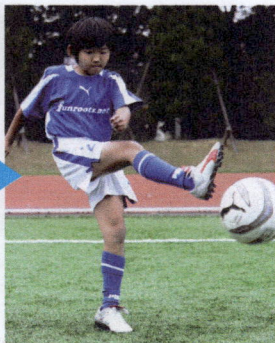

踢球脚从外到内强力地把球击出。

一边观察球的去向一边保持身体的平衡。

提高小提示
- 从球的正面靠近球。
- 全身肌肉放松不要紧绷。
- 挥动脚部的动作幅度要大。

提高脚法的计划⑦
掌握正脚尖踢

所谓正脚尖踢就是把脚尖放到球的下方踢球。该脚法通常用于踢出高空球或是利用逆回旋增加缓冲的球时。

盯紧球。

笔直地朝球助跑。

轴心脚转向踢球的方向。

把弯曲的膝盖伸直。

脚尖放到球的中心的下方，把球捞起来。

踢球脚挥动幅度决定球的高度（动作越小，飞得越低）。

通向成功的建议　踢球脚的挥动幅度切勿过大，切勿挥一半收脚。请注意不要让膝盖受伤。

提高脚法的计划⑧
掌握脚后跟踢

　　所谓脚后跟踢就是用脚后跟来踢球。由于这种脚法可以向自己身后的人传球，所以这一招通常能出乎对手的意料。这个技术的问题在于队友是否能顺利地接到你的传球！

双脚跨在球两侧做好准备。

轴心脚的脚后跟在球的一侧踩稳。

踢球脚从球的外侧越过去。

用踢球脚的脚后跟触球的中心部位。

用脚后跟把球钩起来向上踢。

最后请保持好身体的平衡。

触球点与轴心脚与球的位置

触球的位置应该是球的中心部位！

当熟练掌握该技术之后，就可以尝试踢略微偏离球中心的部位，使球的路线向左或向右弯曲。让球稍稍飞高一点也很有意思。请加油让球飞向自己希望它去的方向吧！

只要能准确地踢球的中心，就能让力传导给球。

如果不能踢到球的中心，就不能让力传导到球上。

通向成功的建议

在触球的时候，轴心脚的脚后跟和球的中心应呈并列状。如果球的位置太过靠后，脚无法发力，太过靠前则很难踢准。

中场休息时间 3

为什么南美的选手球技会如此高超

费尔南多·莫雷那先生（原日本职业足球J联赛球员）

以阿根廷或是巴西的球员为代表，南美洲出身的球员大多"球技高超"。我在日本踢过球，所以我知道日本人中也有不少球技纯熟的球员。同时我也非常清楚日本足球的组织方式。

首先，日本和阿根廷决定性的差异就在于阿根廷的小学只上半天，或上午或下午。也就是说，孩子们在上午上课的学年里，只要中午放学后整个下午就能一直踢足球了。换句话说，下午才去学校的孩子们整个上午也都能踢足球。在俱乐部踢球的孩子们在训练日平均每天要踢2~3小时，而如果当日没有训练安排，他们会在不上课的时间段里一直踢足球。基本上，他们比日本的孩子接触球的时间要长许多。

另外，近距离观察"能够作为榜样的球员或是球赛"也能成为提高孩子们的动力。

在阿根廷，世界上的联赛都能通过电视观看到。孩子们也一定会成为某支球队的球迷，所以也会去模仿他所喜欢的球员的动作。如果在周末进行的联赛中有某位球员使出了漂亮的球技，那么第二天孩子们基本上都会去模仿。通过观看球技高超的球员的比赛，孩子们从小就知道"什么样的脚法称得上是精彩的"，"什么样的脚法才能取悦球迷"。

PART 4

盘带

—— 足球的基础就在这里

盘带在这些时候发挥作用

在足球中，触球时间最长的脚法就是盘带。和一记精彩的射门一样，极其轻松地甩掉对手的盘带也能让观众们为之沸腾。帅气地甩掉对手也是足球的看点之一。

边观察周围的情况边运球

主动出击的盘带。

背向球门不让对手把球夺走的盘带。

盘带的基础是什么
奔向对方球门的盘带——[突破篇] I

我们无法得知对手会在什么时候或是选择怎样的时机来夺走我们的球。因此必须随时将球置于自己脚边，通过盘带把球运到目标地点。如果球远离脚下或是正在脚底，都无法顺利地进行盘带。必须要经过无数次的盘带训练，才能最终发现自己擅长的可操控球的"范围"。

GOOD

请朝着"能够把球总是放在最容易掌控的位置内"这一目标去训练吧。

盘带的基础是什么
朝着对方球门盘带——[突破篇] II

要想把盘带做好，首先就得和球做好朋友。盘带的时候不要把球大力地踢出去，而是要温柔地触球。

挺直胸膛，抬起头。

让球在你的视线范围内。

轻柔地触球。

开始时用脚的外侧把球推出去。

不要让球离脚太远或是太近。

永远把球放在自己能掌控的位置进行盘带。

注意！ 球离自己的脚无论是太近还是太远都不能顺利地控球。这种情况下很容易让球被对手夺走。

盘带的基础是什么

球放置的位置

永远在自己可控范围内持球。

通向成功的建议

只要具备了能总是把球放在自己的可控范围内的能力，那么当对手来夺球的时候不仅能给予干扰，同时也能让自己有时间做假动作来干扰对方。另外，不仅可以用脚的外侧触球，大脚指的附近也可以，注意触球的力道要轻。

如果球太靠近脚下，势必会增加盯球的时间，因此无法保证视野开阔。

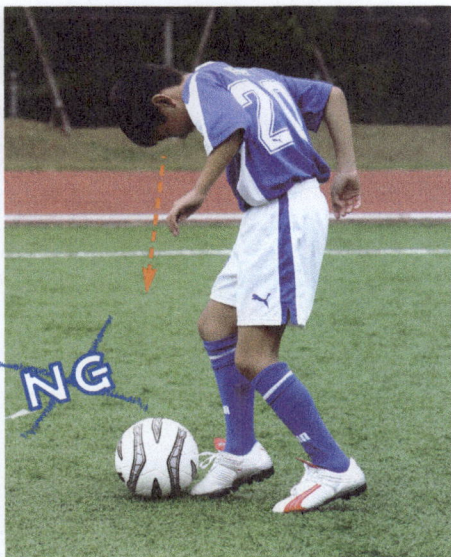

如果脸一直朝下，就无法与可以接球的队友产生联系，当对手接近自己时也难以察觉。

盘带的基础是什么
不失球的盘带——[护球篇]

盘带分为"面向对手的盘带"和"边把球运向离对手较远的位置，边持球不让对手夺走的盘带"这两种。

使球远离对手。

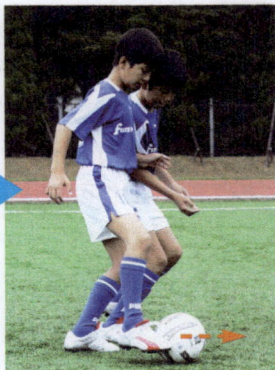

随时做好改变方向的准备。

对手来夺球时把球带走（右脚→左脚）。

立刻动作敏捷地旋转身体。

改变方向后抬起头确认周围的状况。

随时注意把球置于远离对手的位置。

注意！ 盘带并不仅仅意味着快速朝进攻的方向推进。优秀的盘带技术还能使你在对手来逼抢的时候发挥作用，因此来磨练自己敏捷地改变方向并尽可能长时间持球的能力吧！

护球时要放低重心

利用自己的手腕确保对手在远离球的位置。

球在对手伸脚可触的地方是无法安心护球的。

只要把球置于对手一侧就很容易被夺走。

通向成功的建议

运球的时候请把自己的身体挡在对手和球之间，同时放低重心，灵活地运用双脚，才能做到正确的持球。切记要随时确认周围的情况。

提高盘带技术的计划①
阿根廷派 技术流盘带——[用穿裆球来一决胜负]I

　　这是自己把对手引诱过来再脱身的高难度技术。这项技术非常适合使用在边线附近的一对一的时候，或是在胶着状态中从对手身边脱身的时候。由于在这两种情况下双方无法提速，所以控球能力才是一决胜负的关键！

背向对手护球。

让球离开自己的脚边，以此引诱对手。

为了不让对手把球夺走，用脚底跨在球上。

当对手伸脚，双脚之间留出空隙的时候，机会就来了。

用脚底使球通过对方的胯下。

注意！ 如果对对手的位置的判断错误，穿裆球就会失败！使用手臂来确认对手的状况。

提高盘带技术的计划①

穿裆球

引诱对手，随时确认状况。

利用脚底，改变球滚动的方向，瞄准对手的胯下。

和对手之间的距离是成败的关键。如果太近则便于对手出脚，如果太远，在球通过对手胯下之前，对手就已合拢双腿了。

通向成功的建议

在和对手周旋时，施展穿裆球的机会就在于其张开脚的一瞬间。把球一边向和对手平行的位置移动，一边伺机行动，膝盖不要完全伸直，让身体保持一个较低的姿势来控球是非常重要的！

提高盘带技术的计划②
阿根廷派 技术流盘带——[用穿裆球来一决胜负]II

这是适用于狭小空间内或是边线附近的一对一的技术，同时还能用它来打破胶着的战况。让队友来扮演进攻方，反复地操练吧！

在把球从右往左移动的同时，让身体也向左侧移动。

在对手向球倾斜的瞬间。

用右脚外侧把球带回来。

瞄准在对手失去平衡张开脚的瞬间脱身。

一旦让球通过对手的胯下，

就立刻移动到他的身后。

注意！ 在运球的时候请注意保持自身的平衡。

施展穿裆球的动作幅度要大

让对手向球一侧偏移。

假动作的动作幅度太小是骗不了对手的。因此要左右大幅快速地移动！

只要对手的重心一偏移，就瞄准他的胯下将球送出。

通向成功的建议

这个技术的关键在于让球左右移动和重心的偏转。对手根据你的行动会有相应的应对动作。因此要瞄准对手在试图出脚夺球而重心偏移的这个瞬间，让球通过他的胯下！

提高盘带技术的计划③
巴西派 错时过人——[从内向外]

这是在运球时速度由慢转快时或是在空间较为狭小的时候非常有效的运球技术，也是一种利用起步时机的偏差的较为复杂的技术。

用右脚护球。

用脚内侧触球，做出"我要往左边走了"的样子，以此引诱对手。

在对手的平衡向右脚偏移的瞬间。

把球从脚的内侧换到脚的外侧。

把球推出去，一口气向对手的右侧跑去，摆脱掉对方。

注意！ 控球时要随时观察对手的动作！

提高盘带技术的计划③

"内"和"外"的区别使用

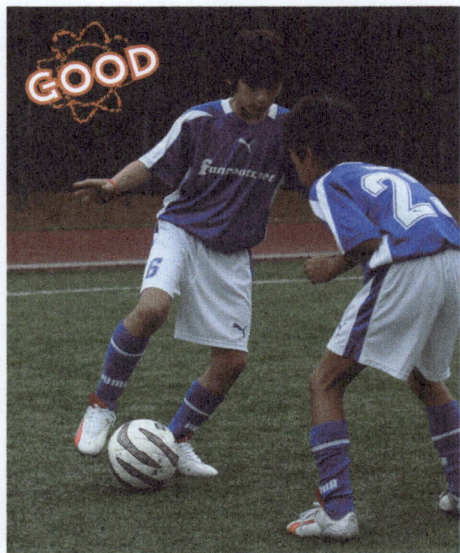

运球时要仔细观察对手的动作。

移动球，在对手上钩的时候再提高速度。

为了欺骗对手，动作幅度要大并且运球速度要快。请不要让动作幅度过小！观察对手的行动，在内外之间来往切换。

通向成功的建议

把在脚内侧的球转运向身体正下方来引诱对手。当对手上钩而失去平衡的瞬间，用脚的外侧把球像推出去那样转移走。把球的下方捞起来或是让球飞起来也可。

用不触球的那只脚作为轴心脚以保持平衡。当对手的平衡向自己的轴心脚一侧偏移的时候就是破坏其平衡的瞬间。

4

提高盘带技术的计划④
巴西派 错时过人——[从外向内]

这是用在从静止状态提速的时候，或是在边线附近没有多少空间的时候，以及自己制造出空当以求突破的时候的大招。

把球往脚的外侧运，同时观察对手的动作。

注意对手的脚上动作。

注意!

如果太过在意对手的动作的话，球很容易被抢走，所以要小心！

当对手有所行动的时候，立刻用脚内侧把球拉回来。

提升速度摆脱对手。

错时过人的方法

GOOD

GOOD

在用脚外侧引诱对手的时候盯准对方失去平衡的瞬间。

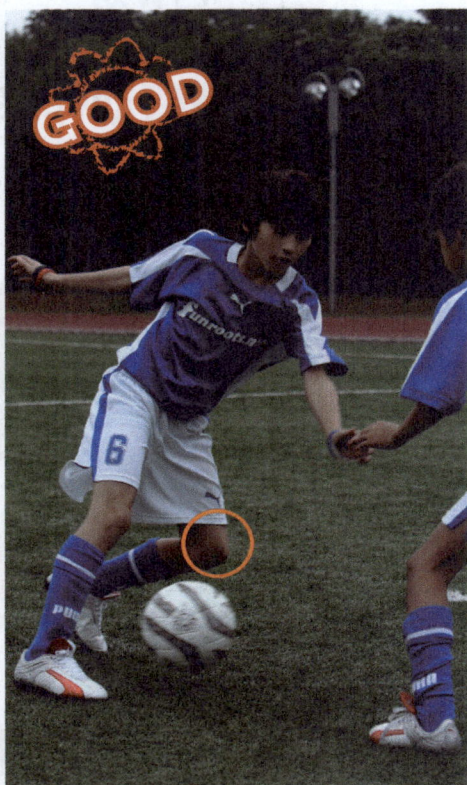

GOOD

当对手的平衡向球一侧倾斜的时候，就用脚内侧把球带回来。

通向成功的建议

把位于脚外侧的球迅速朝内拉回来的时候，把轴心脚的膝盖转向要把球拨动的方向，就能使动作变得流畅起来。此时如果能放松脚腕的力量，就能更快地改变球的方向。这个假动作的要诀是看准对手失去平衡的瞬间，把重心转到持球的那一侧的时机。如果能利用这个时机把球从脚外侧移动到脚内侧的话就成功了！

提高盘带技术的计划⑤
巴西派 错时过人——
［用二次触球假动作来一决胜负！］

这是在狭小的空间里打开局面，或是在提速的时候避开对手的技术。同时也是在对手背后快速脱身的非常帅气的球技。

挺直胸膛伺机观察对手要往哪边行动。

用脚内侧勾住球。

从右到左平行移动球。

当球到了对手的脚够不到的地方再用左脚把球向前推。

利用连贯而迅速的动作，从对手身旁脱身。

抬起头确认四周的情况。

注意！ 和对手的距离感是至关重要的。如果距离判断失误，球立刻就会被抢走，所以一定要小心！

提高盘带技术的计划⑤

随时留意对手和自己的距离

如果把球推向对手前方的话，自己的脚就够不到了。动作的幅度要大，要把球朝对手的正侧面（和对手平行）的方向推移。摆脱对手之后再一口气提升速度。

把球推移向和对手平行的位置。

到了对手够不到的地方再把球向前推。

如果自己与对手的距离过近，移动中的球就很容易滚到接近对手的地方，那么球就会被对手夺走。

4

提高盘带技术的计划⑥
英格兰派——同球一起提高速度！

这是在边线附近一对一时，或是在自己前方有空当的时候非常有效的技术。从运球的基本动作开始带球，同时提高速度，就能摆脱对方的后卫！

观察对手的位置，确定球应该往哪里带。

用脚内侧控球。

用控球的那只脚伸向前方。

用脚内侧踢把球朝对手够不到的地方推出去。

迈开脚步提升速度。

一旦绕过对方就把脸抬起来判断周围的状况。

注意！ 自己和球的距离会在一瞬间拉开，所以一定要确认对手的位置以及是否有球运转的空当。

利用脚的内侧来控球

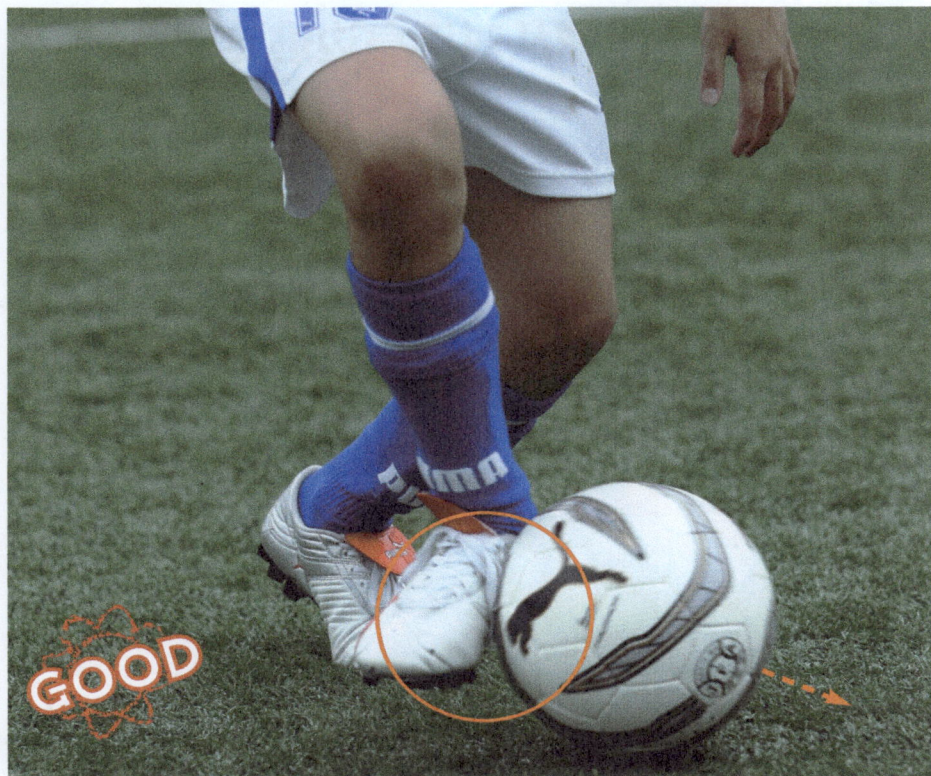

GOOD

用脚内侧把球推出去。

通向成功的建议

这个技术的关键在于使球朝前推移和在这个瞬间提速。用脚内侧控球，同时要把轴心脚的膝盖（照片上是左脚）朝着自己前进的方向。

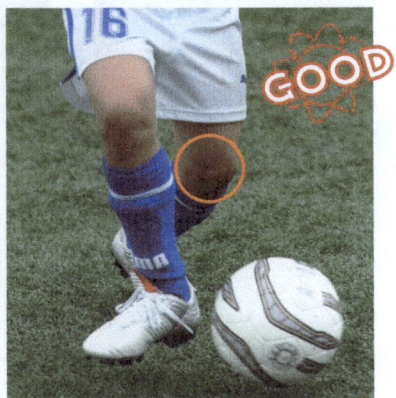

GOOD

使膝盖面朝自己前进的方向。

107

提高盘带技术的计划⑦
运用脚底！——运球从对手身边逃走Ⅰ

　　这一招用在当对手朝自己奔袭过来试图夺球的时候，或是在边线附近防止球出界时非常有效。当对手过来夺球的时候，跑到对手的反方向，同时迅速让自己的身体挡在对手与球之间。

把球置于远离对手的地方，用手腕确认对手的位置。

把球拉向和对手出击相反的方向。

巧妙地利用身体和对手进行换位。

把球和对手隔离开。

把拉过来的球置于远离对手的地方。

一口气提升速度。

用手腕来"测量"与对手的距离

球和对手之间的距离

利用手腕确认对手的状态，让球和对手保持一定的距离。

通向成功的建议

如果无法确认对手冲过来的时机，球很容易就会被夺走，所以必须要用手腕准确地确认对手的位置和情况。即使对手冲过来了也不要慌张。来练习无论什么时候都能把球放在远离对手的地方并能逆向脱身的技术吧！

转向和对手来夺球相反的方向。

提高盘带技术的计划⑧
运用脚底！——运球从对手身边逃走 II

这是在和对手背对背的时候或是在边线附近避免球被夺走的时候所使用的行之有效的技术。灵活地运用你的脚底来打破一对一的僵局吧！

盯紧球，用手腕保持平衡。

用脚底把球朝身侧移动。

屈膝，上半身靠近球。

由于上半身要靠近球，所以身体始终保持低姿态。

之后就能自由地运球了。

※上半身靠近球：不是指脸朝下，而是指把重心放低。

注意！ 在运球的时候，不要把注意力全放在脚底，而是要动用全身。

熟练地使用脚底

GOOD

NG

如果脚后跟太靠近球的话就很难掌控好。

NG

无论是用脚尖还是脚后跟，都不能流畅地运球。

通向成功的建议

利用大脚指和脚掌心之间较硬的部位来运球。同时，如果屈膝时轴心脚膝盖的肌肉放松的话也能让控球变得更加容易。

一直保持抬头的姿势，随时准备迎接下一步的发展。

来学习各种各样的假动作吧①

虚踢

虽然假动作有很多种，但所谓虚踢指的是"装作要猛踢一脚的样子却继续盘带或是传球"。这个技术在传球前做假动作时，或是装作要打一个对角球但实际是要射门的时候非常有效。

带球接近对手。

做出"我要朝同伴传球"的样子。

用尽可能夸张的动作做出要踢球的样子。

立刻用脚的内侧触球改变球的方向。

把膝盖转向想要前进的方向。

动作连贯地运动双脚，提高速度。

"做出要踢球"的样子时应该观察清楚对手的动向再做假动作。根据情况，准确地判断到底应该是继续盘带还是传球。

来学习各种各样的假动作吧①

从不同方向看到的虚踢

做出"我真的要踢了"的样子。

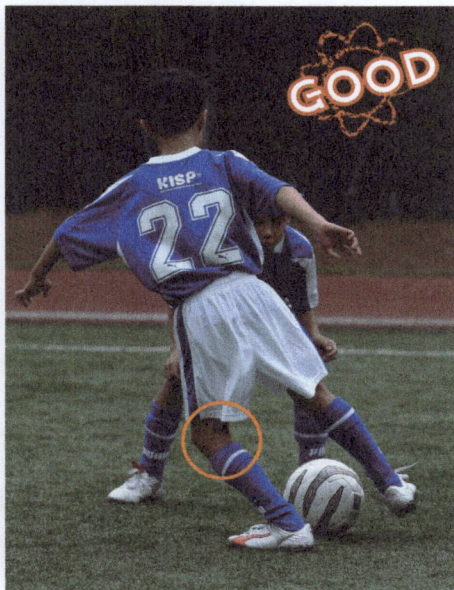

把膝盖转向想要前进的方向。

用脚内侧把球运向目标方向。

提高小提示

虚踢成功的关键如下。

* 随时把上半身面朝有队友在的方向。
* 用夸张的动作装出要踢的样子。
* 把轴心脚的膝盖面向要前进的方向。

来学习各种各样的假动作吧②
剪刀脚

　　所谓"剪刀脚"，顾名思义，脚要像剪刀那样交叉活动。这是在球的上面用脚相交叉，做出要向某个方向运球的样子实际却是朝相悖方向前进的技术。

在球的上方做好让右脚绕过去的准备。

一边运球一边观察对手的平衡。

破坏对手的平衡后，做好用左脚做假动作的准备。

请注意保持自己的平衡。

当对手失去平衡的时候就是你的机会。

用脚外侧拨球，从对手身侧脱身。

注意！ 如果保持球在原地而数次使出剪刀脚的话，球就很容易被对手夺走，所以请务必注意！

剪刀脚的诀窍

脚绕过球前方的时候动作要大。

屈膝能使脚的动作变快。

如果球太靠近轴心脚就无法做假动作。

通向成功的建议

若要想骗过对方，那么当脚绕过球的前方的时候，动作幅度就一定要大。让身体略微放低，使轴心脚的膝盖保持弯曲的状态，就能顺畅地运动双脚。

4

来学习各种各样的假动作吧③
踏步与剪刀脚

在比赛中，如果在使出剪刀脚之前先用大踏步动作破坏对手的平衡，则效果更佳。"踏步和剪刀脚"是在场上面对各种情况都能使用的假动作。

用大幅度的踏步破坏对手的平衡。

膝盖力度放松，使脚上动作更为流畅。

让脚绕过球的前面。

跨过球，破坏了对手的平衡。

用脚外侧避开对手。

轴心脚屈膝同时提升速度，一口气摆脱对手。

注意！ 第一次踏步的动作太小是不能破坏对手的平衡的，所以在大踏步让对手动摇之后再使出剪刀脚。

116

来学习各种各样的假动作吧③

快速的踏步是关键！

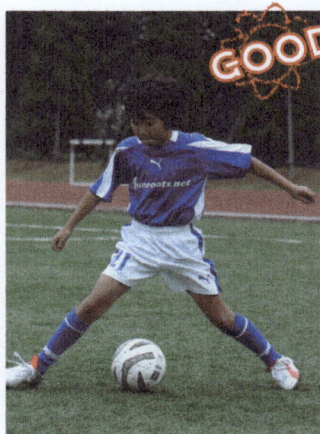

GOOD

当用第一次踏步破坏了对手的平衡之后就紧接使用剪刀脚。

GOOD

要提高使出剪刀脚之后的速度，膝盖的朝向是很重要的。

GOOD

如果在第一次踏步把球送到离自己较远的地方则更容易骗过对手。

> **通向成功的建议**
>
> 首次踏步动作幅度要大，之后再做假动作。并且，在使出剪刀脚后，轴心脚的膝盖要面朝接下来要前进的方向，做好提升速度的准备。

来学习各种各样的假动作吧④
人球分过

这是在一对一时或是在对手的上半身向前倾的时候过人尤其有效的一招。这是用类似传球的方式把球推到对手够不到的位置，再绕到和送出去的球相反方向的对手身后从而摆脱对手的战术。

边盘带边确认对手背后的空当。

抓住空当同时观察对手的平衡。

把球运往对方刚好够不到的地方。

立刻绕到对方身后。

不要只顾盯球，同时还要确认周围的情况。

控住球后提速。

注意！ 这是要把球踢离自己身边一次的假动作。因此要充分掌握对手的情况再实施。

首先确定你要瞄准哪边空当

边盘带边确定想要取哪边空当。

通向成功的建议

把球运向对手够不到的地方的时候，动作力度的强弱非常关键。不仅要控制好自身的速度，同时也要留心观察对手上半身的姿势再运球！

GOOD

在和对手距离逐渐接近并让球通过对手身旁的时候，一定要把球运往对手够不着的地方。

来学习各种各样的假动作吧⑤
后拉

这是当自己和对手距离较近且自身两侧有空当的时候所使用的技术。动作要领是突然停下运球动作，把对手朝自己这里吸引过来，立刻转向相反一侧。

把对手引诱到你在运球的方向上来。

用脚底把球停住，然后把球朝自己笔直地拉过来。

在对手失去平衡的时候抓住时机。

利用把球拉过来的那只脚。

把球往对手够不到的位置推去。

在摆脱对手的瞬间，抬起头确定周围的情况。

注意！ 在把对手往自己的运球方向吸引的时候，如果球太靠近对手就会被夺走。

来学习各种各样的假动作吧⑤

用脚内侧踢把球推出去

GOOD

GOOD

把拉过来的球用脚内侧踢推出去。

把球运到一旁对手够不到的空当。

NG

在把球推向对手身侧的时候，如果把球运到了对方能够到的地方，球就会被抢走。

通向成功的建议

用脚底停住球之后，立刻把拉过来的球用脚内侧踢推向对手够不到的位置。

4

来学习各种各样的假动作吧⑥
克鲁伊夫转身

这是在高速运动中虚晃一脚，并迅速转身摆脱对手的高难度技巧。虽然很难，但要是学会了很帅。

边运球边确认对手的状态。

虚晃一脚让对手的动作停下来。

用刚做虚晃一脚动作的脚的内侧把球向后方送。

稍稍屈膝，让球通过轴心脚的脚底。

不要让对手靠近球。

转身后抬起头确认周围的状况。

注意！ 如果虚晃一脚后球往对手那去了，就会被对手夺走，所以请务必小心处理。

把重心放低再转身

　　要想顺利地转身，就得让身体保持一个较低的姿势。同时，也要对触球部位保有一个清醒的认识。

GOOD

GOOD

为了能顺利地转身，要让重心保持在一个较低的位置。

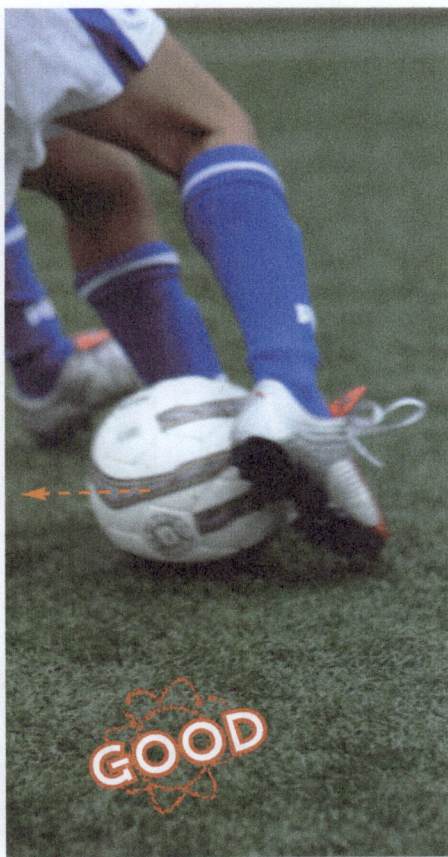

把球直接转运回原本盘带的方向，然后转身。

通向成功的建议

要想带球回到原本盘带的方向，用脚内侧稍稍靠后的部位（脚腕下面）去触球的话就能轻松做到。在转身后别忘了提速。

4

来学习各种各样的假动作吧⑦
挑球

这是应对对手飞奔过来抢球的时候所使用的技术。即使球路被堵死了也能够利用脚尖把球挑起来，开辟出一条"道路"。

边运球边决定自己要去的位置。

在对手伸脚封锁球路的时候。

用脚腕的腕力把球挑起来。

把重心移向踢球脚。

立刻摆脱对手。

注意！ 请不要只用脚尖去控球，而是要用脚腕整体进行大幅的运动。

来学习各种各样的假动作吧⑦

脚腕的使用方法

GOOD

把脚尖塞到球下面。

GOOD

利用脚腕的腕力把球捞起来。

NG

如果无法把脚尖塞到球下面就不能顺利地把球挑起来。

通向成功的建议

让脚腕全体放松，使其做好随时能够把球挑起来的准备。一边联想手腕的腕力是如何发力的一边去练习试试！

来学习各种各样的假动作吧⑧
装作停球的样子

当对手想从运球中的自己的身旁夺球时，就可以用上这个技术。当对方后卫前行速度正快的时候，可以通过错时运动摆脱对手。

边快速地盘带边确认自己和对手的距离。

装出要用脚停住球的样子。

同时也让对手停下来。

在球即将停下来的瞬间。

用这只脚把球推出去同时提升速度。

在摆脱对手的同时观察周围的状况。

注意！ 如果动作没有缓急的变化，假动作也不可能成功，所以务必随时注意观察对手来把握周围的状况。

来学习各种各样的假动作吧⑧

提升速度的时机

停球的瞬间也是对手意识松懈的时候。

在对手也停下来并把身体往后倾的时候提速。

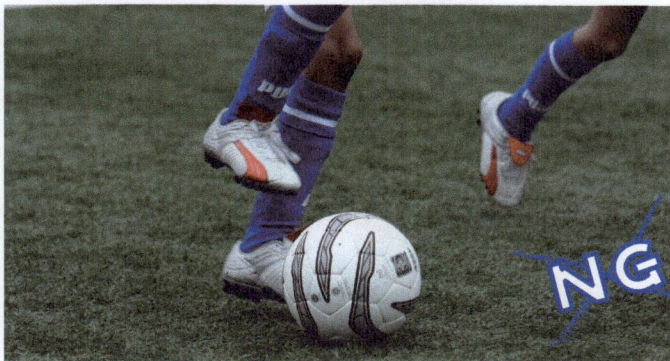

如果装作要停球的那只脚的动作稍有迟疑，就会反过来被对手抓住空隙。因此，在装出要停球的样子之后就立刻把球推出去。

通向成功的建议

在对手也停下来同时身体向后倾的时候就是提速的时机。在提速的时候用脚的外侧把球推出去流畅地用脚运球。也可以先不用球和对手练习看看。

来学习各种各样的假动作吧⑨
把球隐藏起来取对手的逆向

这是当对手在自己身后的时候，又或是在边线被对手包围的时候所使用的技术。

让自己挡在球和对手之间，以此动作护球。

动作幅度较大地跨过球一次之后，做出要向前带球的样子。

在跨过球之后，把身体转向相反方向。

用远离对手的那只脚来控球。

立刻摆脱对手。

运球转入下一脚球。

注意！ 利用手臂来确认对手的状况及与对手的距离。

来学习各种各样的假动作吧⑨

如何顺利地将球带回

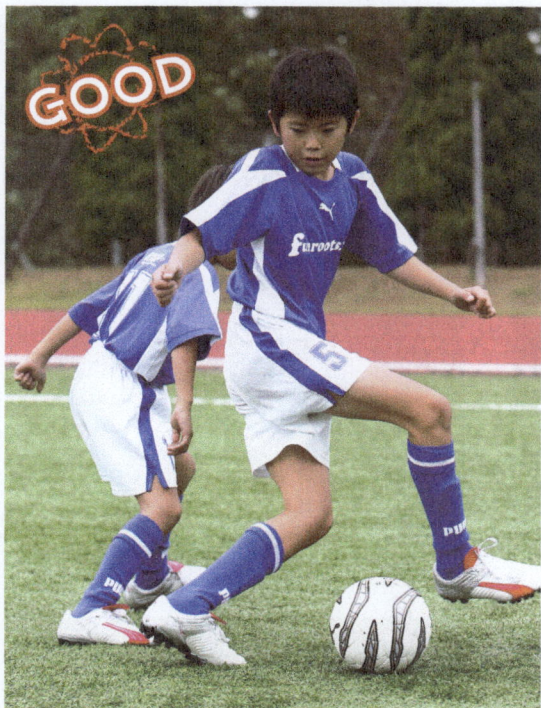

若想骗过对手，动作幅度一定要大。

在摆脱对手的瞬间抬起头确认周围的情况。

通向成功的建议

请务必使用幅度较大的动作去欺骗对手，并用离对手较远的那只脚来控球。如果能顺利地将球带回，即使此时对手来进行争抢，只要一直保持用远离对手的那只脚来护球的话，就不会失球。用手臂来感受对手的压力，并确认对手身在何处。

用离对手较远的那只脚来控球。

盘带训练①
使用假动作的时机是

盘带中发动的假动作非常关键的要点即是"启用假动作的时机""运球的位置"以及"和对手的距离感"。在对以上要点有一个充分的把握之后,找出自己和球之间合适的间隔的距离就是提高的关键了。

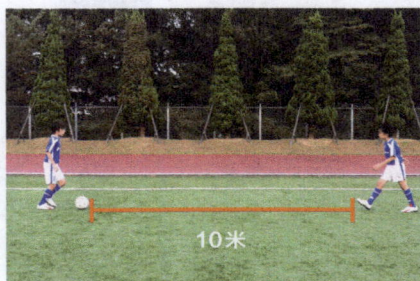

和对手的距离大约有10米。

由带球转为假动作。

把球运到对手够不到的位置。

在即将摆脱对手的时候一口气提升速度。

提升速度的同时抬起头确认周围的情况。

即使摆脱了对手也不可以掉以轻心。

盘带训练①

抓住摆脱对手的距离感

和自己的间隔

GOOD

通过这个练习，可以掌握到发动假动作时对手和自己的间隔距离。在实战中，如果自己和对手太过接近，球就会被抢断，所以要边观察对手的动作及与其之间的距离再做假动作！

NG

太近

这张图描述的就是和对手距离太近的情况，在实战比赛中球就会被抢走。

- 首先从没有对手的状态下开始训练，直到把假动作的动作流程都熟练掌握为止。
- 当已能在没有对手的情况下流畅地完成动作时，接下来就请在有对手的情况下进行练习。
- 如果没有搭档陪练，那么是不可能学会怎样与对手进行周旋的，只要多加练习，你的假动作就能得到提高。

盘带训练②
抓住空当

要抓住施展假动作的空当并不是一件容易的事情。可以在不同的情况下采取不同的假动作，但要等对手接近自己到一个怎样的距离才可以施展假动作，则是必须通过训练才能明白的一个问题。

一边盘带一边观察对手。

施展假动作。把视线移到球和对手的脚下。

把球盘带到对手够不到的位置。

从对手的身侧摆脱。

摆脱对手后把头抬起来以确认周围的情况。

然后提升速度。

空当要自己去寻找

和对手之间的空当只要保持一个恰到好处的距离就能顺利地施展假动作。

如果施展假动作太慢的话，就会因和对手的距离太过接近而导致球被夺走。

通向成功的建议

在比赛中，无论是向自己袭来的对手还是静止不动的对手，均有不同的假动作来应对。而施展假动作的空当，是以比赛为开端，并在此后无数次的练习中必须依赖自己去发掘的。当经过了大量的练习，最终找到了适合自己的空当之后，就试着去挑战一下各种各样的假动作吧！

盘带训练③
利用各种场地来练习盘带

　　提高盘带能力的捷径就是尽可能多地接触球。因此要尽可能随时随地与足球保持亲密接触，最终使自己能随心所欲地控制球。

朝标记处开始运球。

把视线置于既能看到前方的空间又能看到球的位置。

一边盯好球一边用脚外侧进行盘带。

开始时把球盯紧，同时准确地控球。

尽可能多地触球，绕一个小小的圈。

当绕完标记后，抬起头，扩宽视野范围。

盘带训练③

观察球与标记

GOOD

如果只留意自己的视野范围内的情况，就会忽视球；而反过来说，如果只盯着球看，视野就会太过狭窄。只要挺起胸膛，自然就会把脸抬起来，并能保证一个刚好可以看到球的视野范围。

当动作越来越熟练的时候就试着提升速度吧。

通向成功的建议

当获得了可以立刻看清球与周围环境的能力之后，从盘带到假动作之间的转换能力就会急速上升。在进行直线盘带的时候记得把头抬起来，在绕标记转圈的时候就牢牢地盯着球，然后逐渐在盘带的过程中提高速度。然后，请熟记于心什么时候该盯球，什么时候该观察周围情况。

中场休息时间 4

泥巴地是什么

我经常被问到这么一个问题，"为什么阿根廷的球员运球技术如此高超呢？"

要回答这个问题，就不得不先跟大家聊聊阿根廷的"泥巴地"。在阿根廷，有很多被称为泥巴地的空地可以用来踢足球。放学后孩子们只要有时间，都会聚集到那里去踢足球。几乎所有阿根廷的球员都在这样的泥巴地上磨练过自己的球技。

费尔南多·莫雷那先生（原日本职业足球J联赛球员）

在泥巴地上踢球最重要的事情不是进球而是向对手展示自己的技术。所以在泥巴地上比起进球，在这里能受到更高的评价的是盘带、假动作以及能骗过对手的高难度动作。从国外来的孩子或是从没在泥巴地踢过球的人在最初应该是很难适应这种模式的。在泥巴地，有一种独特的踢球氛围。因此在这里也能早早地切身体会到足球的乐趣，从而逐渐和足球亲近起来。

如果这本书的读者们想去阿根廷看球的话，我也推荐各位可以去看看在泥巴地上开展的这种全世界独一份的足球。

在这里，您可以亲眼目睹阿根廷足球的根源。

PART 5

头球
——头球不是高个子的
专利

5

头球不痛的

或许在你刚开始学习头球的时候，的确是需要一些勇气的。然而请不要害怕，来学习正确的顶头球的方法吧。只要学会了头球，您的足球世界就会敞开一扇新的大门。

头球的三大要诀

观察

时机

触球点

来发掘自己的头球触球点吧

虽然在足球比赛里八九成是用脚来进行的，但是头球却经常会成为拿分好戏或是用来应对球门前的攻防。然而要想熟练地掌握头球，就必须先明确一个问题，究竟该用自己脑袋的哪个部位来顶球呢。

顶头球用到的部位一般是在头发生长线稍稍往下，额头处较硬的位置。虽然每个人或多或少各有不同，但是首先请从找到这个位置开始。这个触球点是顶头球不会感觉到痛的位置。

通向成功的建议

和脚法同样，顶头球也必须把球盯牢。然而头球最为关键的诀窍是直到球触到额头那一刻为止，都必须要把球盯紧。如果不看清球的线路就顶头球，则很容易让球打到脸或是打到头的某一侧等会让人产生痛感的位置，所以请务必小心注意。

GOOD

不看球。

偏离触球点。

要掌握头球，就必须具备准确地预测球的落点同时迅速将身体移动到该落点的能力。在青少年的比赛中，虽然经常能看到守门员踢出去的球高高越过球员们的头顶的场景，但队友们对其落点的判断却经常出现失误。

头球要的是对空间的把握和对时机的预测

头球的关键就在于"对空间的把握"和"时机的预测"。所谓对空间的把握即是清楚地认识到球的位置与自己的位置之间的关系。虽然这和盘带及假动作有相同的地方，但是头球更强调认清自己与球之间的距离同时捕捉到正确的时机的能力！

一边预测落点一边做好顶头球的准备。

移动到触球点能与球的落点对接的位置。

在头几乎要碰到触球点的时候用手接住球。

如果把上半身伸出去就不能顶出强力的头球。

如果和触球点相距太远，球就会飞到身后去。

头球要的是对空间的把握和对时机的预测

来预测球会从哪里过来吧

GOOD

GOOD

刚开始练习的时候自己抛球，在头几乎要碰到触球点之前用手接住球。

根据飞过来的球的轨道来预测球的落点，再跳起来顶球。

通向成功的建议　把握自己的触球点（用来顶球的位置）与球的位置，并记住直到触球前都要把球盯紧。

顶从正面来的球
原地顶球

所谓原地顶球，指的是站在原地顶头球，这是在争顶空中球和传球、解围时经常使用的技术。

确认球的轨道，然后移动到球的落点。

紧紧盯着球把身体向后仰，准备迎接落下来的球。

在球碰到触球点的瞬间，利用反弹击出强力的头球。

如果让上半身向前推进，就能击出力道更沉的头球。

注意！ 如果在触球前就把视线从球上移开的话，你会得到很惨痛的教训。

来攻克头球的基础动作吧

让球的轨道与自己的身体或是触球点相交。

GOOD

一边用手腕保持平衡一边紧紧地盯着球。

如果只是一味地用头去顶球或是对落点判断错误导致不知道该用哪儿顶球，都是无法让头球成功的。

NG

通向成功的建议

只有随时把球盯紧，让球的轨道和自己的身体或是触球点相交，才能正确地打出一记强力的头球。

顶从正面来的球
单脚蹬踏顶球

　　这是先蹬踏左脚或右脚再顶头球的技术。这也是在比赛中被使用得最多的头球，而且这是在打门、传球或是解围时都非常有效的技术！

让身体向后倾，直至触球点对上球的路线。

收紧下巴，做好球与触球点接触的准备。

紧紧地盯着球。

让身体归位，同时将球顶出。

由于上半身向前倾所增加的力量，头球的力度也会增强。

注意！

只有收紧下巴才能让全身的力量传导到球上面去。

来打出一记既精准又强力的头球吧

利用手腕来保持身体的平衡是非常重要的。

如果不能让触球点和落球点相吻合，球就会飞到自己不能控制的方向去。一定要预测球的落点并直到触球的最后一秒都要牢牢地盯紧球！

通向成功的建议

灵活地运用你的双臂！活用双臂来保持平衡并利用上半身前倾的力度就能打出力道强劲的头球，另外，伸展双臂还能有效地防止对手的干扰，从而保证自己的控球范围。

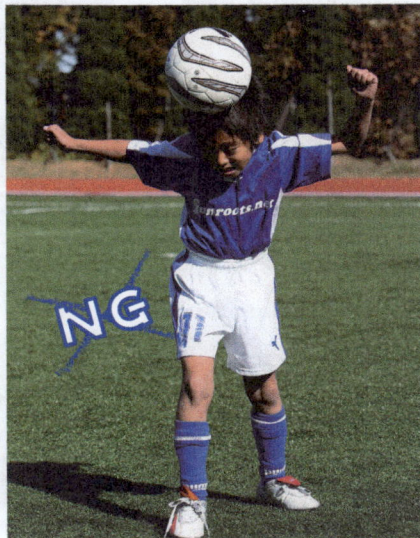

球是不会自发地来对准你的触球点的。因此要相当仔细地预测球的轨道！

顶从正面来的球
背向顶球

所谓背向顶球是指把位于空中的球，顶向和自己身体朝向相反方向时所使用的技术。虽然听上去很简单，但是只要实践就会发现这个动作并不容易。请不要气馁，多向这个动作发起挑战。背向顶球也是充满了意外性的头球。

把球盯紧，预测落点。

屈膝，做好接球的准备。

为了使触球点和球的路线相吻合，牢牢地盯紧球。

做好利用膝盖反弹力的准备。

当球碰到触球点的瞬间，伸直膝盖借助力将球击出。

注意！

如果不把球盯牢，就无法让球的路线和触球点吻合成功，而让球飞向自己不可控制的方向。

活用膝盖的冲力

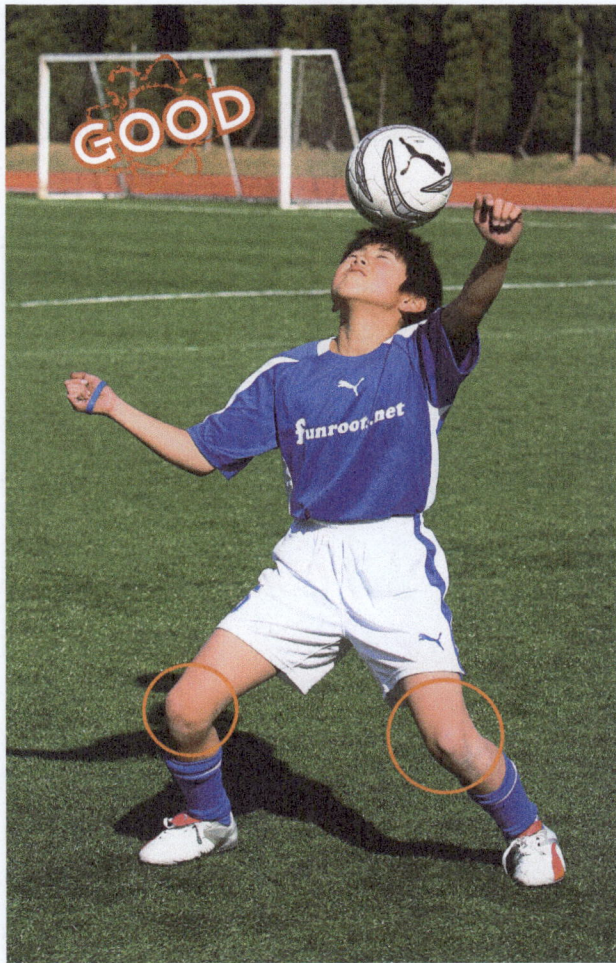

利用膝盖的屈伸来增加球的力度。

用往常的触球点稍稍偏上的位置来击球。

如果膝盖伸得笔直，就更容易让球朝自己的正上方飞去，而无法飞向自己预设的路线。

提高
小提示

- 用比往常的头球触球点稍稍偏上的位置来击球。
- 使膝盖放松，在球碰到触球点的同时伸直膝盖借力将球击出。

顶从正面来的球
鱼跃顶球

鱼跃顶球是最为灵动的头球方式。这是在顶空中球或是在球门前争顶的时候经常使用的技术。

预测球飞过来的轨道，进入落点之下。

在空中利用手臂来保持平衡。

盯好球同时让触球点对准球的落点。

在起跳的时候，把向后倾的身体往回拉借力将球击出。

注意！ 确认飞过来的球的轨道，并准确地移动到球的落点之下。

保持身体的平衡

使自己弹跳的最高点对准击球点是鱼跃头球成功与否的关键！

通向成功的建议

准确地预测球的轨道，抓准时机起跳，再打出头球。

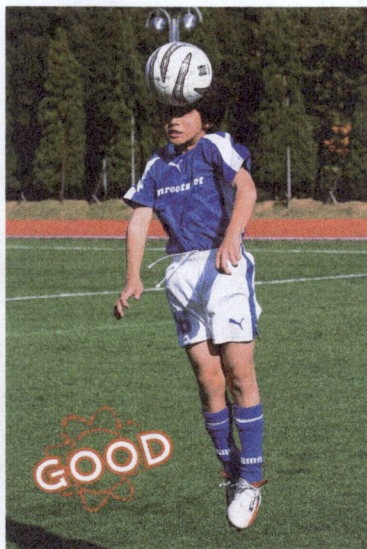

准确地预测球的轨道，顶球的同时在空中也要注意保持自身的平衡。

如果预测错误，强行去瞄准球的落点就很容易失去自身的平衡。

顶变向球
原地顶球

这并非是把空中球顶向正面，而是朝其他方向顶时所使用的头球技术，这也是在传球和打门的时候经常使用的技术。

预测球的落点并做好准备。

确定球的落点并把身体向后倾，同时收紧下巴。

把身体收成原本姿势，并将球顶出。

使上半身面朝球的预期去向。

让上半身面朝球的预期去向

要使球朝不同的方向飞去，首先必须要紧盯球的来向，同时使上半身面朝球的预期去向，不然是无法做到的。

让上半身面朝球的预期去向。

把上半身向后倾，待球落至触球点。

如果只扭动脖子顶球的话，是无法让球飞往预期去向的。

通向成功的建议

只扭动脖子的话是无法打出强劲的头球的。正确的做法是让身体向后倾，待球落至触球点再用力击出！
让自己的上半身面朝最终想让球前往的方向的话，就能改变球飞行的路线。

中场休息时间 5

把头球当作你的武器

头球并不是高个子的专利。当然，个子高的人擅长头球这种事也非常常见。

打小的时候起就个子高的球员，只要让球稍稍碰到头就能抢到点，也能在禁区前做清道夫。然而这样的球员在长大之后，也出现在争顶高球方面失去竞争力，或是在球门前无法打入关键的一球这样的状况。但如果这些球员们在中小学时期能正确地训练头球技术并提高对空间的把握能力的话，或许就不会出现这样的状况了。因此，我们将再次整理和头球相关的基础知识，也请您再次确认一遍。

［基础］首先要做的，就是牢固地掌握基础动作。

［预测］准确地预测球究竟会从哪里来，落点又会在哪里。

［站位］抢先对手一步进入到球的落点下方。

头球技术优秀的球员均能达到以上要求。如果身材高大的球员能把这些"基础"牢固掌握的话，无异于是锦上添花。另外，哪怕是身材并不高大的球员，如果能在中小学时期开始针对性的训练，并把这些基础知识记在脑海中去实践，那么和高个子球员竞争的胜算也会比现在增加不少。

身高是无法改变的。但是通过学习头球的基础知识，并在之后的训练或是比赛中运用得当就一定会提高您的头球水平。

PART 6

最终章
—— 在比赛中获胜最为重要的事情

洞穿球门！
准确地瞄准球门射门

在足球比赛中，最为开心的事情就是将球打入球门。而最为可靠的得分方式，就是从离守门员较远的位置发出一记冷射。因此来学习如何仔细观察守门员的位置，再打出一记精准的射门吧！

瞄准守门员够不到的位置。

高度
成人用 2.44 米
青少年用 2.15 米

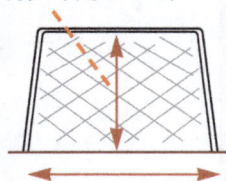

宽度
成人用 7.32 米
青少年用 5 米

把球打向没有守门员在的位置。

青少年用球门。

瞄准射门的诀窍

把球盯紧。

轴心脚踩稳。

把球盯牢再发力。

把球踢出去之后的跟进动作也非常重要。

提高小提示

射门的时候有两件事是非常重要的！

- 在踢之前一定要确认守门员的位置。
- 在踢的时候一定要把球盯紧。

无论力道多强劲速度有多快的射门，只要球朝着守门员的正面飞去，那这一球能得分的可能性是非常低的。因此射门时非常重要的一点就是要看清守门员的位置，然后瞄准其守卫空当。为此你必须掌握在射门前仔细观察球的路线的能力以及相应的沉着冷静。

先从惯用脚开始练习，然后再练习直至另一只脚也能准确踢出射门吧！

6

洞穿球门！
以向球门传球的感觉去射门试试

　　无论从哪里射门，都必须要考虑从哪里打门最容易进球。只是一味地蛮干，球路是无法稳定的。所以首先，就以向球门传球的感觉去射门试试看吧。

用正脚背踢、内脚背踢打出强劲的射门

盯紧球，轴心脚踩稳。

把意识集中于触球的瞬间。

射门后的跟进动作也要认真完成。

用脚内侧踢瞄准路线打出路线精准的射门

盯紧球，轴心脚踩稳。

把意识集中于触球的瞬间。

射门后的跟进动作也要认真完成。

空中球就用头球来打门

紧紧盯住飞来的球。

用额头精准地触球。

诀窍是用把球推出去的感觉来顶。

通向成功的建议

在足球比赛中，只要不使用手，用身体的任何一个部分射门都可以。用脚射门也行，用头射门也行，甚至用背射门都没问题。在有射门机会的时候，不要蛮干一定要瞄准一个路线。

如果随便应付的话是不可能提高射门的准确率的。

洞穿球门！
从接到传球到射门！
用正脚背踢打出强劲的射门

先停住滚过来的球，之后用正脚背踢打出射门。首先要明确一点，在哪里控球。如果在首次触球时控球位置不佳，那么之后势必会把注意力放在调整球的位置上，从而没有多余时间去寻找射门的良机。若要用正脚背踢精准地击中目标，就必须看清楚守门员的位置，在确定射门路线后，盯紧球打出射门。当守门员脱手的时候或是球打到门柱弹回来的时候，为了能在第一时间做出反应，打出射门之后的跟进动作也非常重要。

从停球到打出强劲的射门

确认传球的球员的位置。

确认球传过来的位置。

停住球之后把球带到利于射门的地方。

预判射门的位置。

洞穿球门！

迅速运球。

带球至利于射门的地方。

仔细观察守门员的动作。

轴心脚踩稳。

按照预设的球路打出射门！

打出射门后的跟进动作也要仔细完成。

确认守门员有没有在身前脱手。

漂亮的射门！

洞穿球门！
从接到传球到射门！
瞄准目标后用脚内侧踢打出射门

之前我们练习了用正脚背踢来射门，这一次让我们试试在瞄准球门之后，用脚内侧踢打出精准的射门。然而无论怎样的射门方式，首先最为重要的事情都是把球运至利于打出射门的地方。

和正脚背踢不同的是，脚内侧踢对球的作用力较弱，如果射门路线不够精准则很容易让球被守门员没收，所以务必注意根据情况来使用不同的踢法。用传球的感觉去踢球的正确触球点或许更容易找到感觉吧。在实际比赛的时候也经常用脚内侧踢来射门，所以请一定要好好地练习。

从停球到打出球路精准的射门

确认传出球的球员的位置。

确认球传过来的位置。

迅速移动到球传过来的位置。

停住球之后把球运至利于射门的位置。

确认球门的位置。

边盘带边迅速地移动。

确认守门员的位置。

轴心脚牢牢踩稳。

瞄准射门路线，用脚内侧踢打出射门。

射门后的跟进动作也要仔细完成。

确认守门员有没有在身前脱手。

漂亮的射门！

6

洞穿球门！
从与守门员一对一对决中取得射门吧

　　射门时经常遇到的场景就是与守门员的一对一单刀对决。因此你必须一边观察守门员的行动一边预判应该用怎样的射门方式。要摆脱守门员也行，或是不摆脱守门员直接射门也可以。重要的是自己的预判能力和临场的冷静。

　　和守门员的一对一单刀是看上去简单实际却很难的一门技术。当守门员出击的时候可以使用正脚尖踢把球挑起来打入射门，也可以装出射门的样子但实际是要摆脱守门员。

　　基本上，在守门员出击之后就会破坏掉你之前预设的射门路线，所以该如何应对这样的压力才是射门的关键所在。

从与守门员一对一的对决到射门

确认球门的位置。

一边盘带一边接近守门员的位置。

同时观察守门员的动作。

观察其视野范围。

162

洞穿球门！

冷静。

使出自己擅长的假动作。

躲过守门员。

就把球带到他的手够不到的位置。

之后一定要冷静下来。

把球带到球门前。

冷静地一踢。

漂亮的射门！

洞穿球门！
从一对一对决开始练习射门吧

　　来挑战从与防守方一对一单挑开始直到打入射门的训练！足球是互相争抢球的运动。"摆脱对手"与"从对手那里夺球"是训练当中基础的基础。

　　防守方的任务是无论如何都不能任其射门，因此进攻方想尽办法都要进球的士气就显得格外重要。能将球带入射门姿态的进攻方最后一定要仔细观察守门员再射门！

　　在一对一对决中个人能力越强，就越能感受到足球的乐趣，在训练的时候，对盘带和假动作也会有更多的点子灵光一现。

球由位于边线的防守球员向位于中央的进攻方球员发出，然后开始一对一。当位于边线的防守方球员把球发出之后立刻向进攻方球员施加压力。

洞穿球门！

积极主动地去进行一对一挑战吧

虽然足球是团队运动，但如果最终你能在和对手的一对一对决中占据优势的话，那对全队都大有好处。因此当你在训练中面对对手的时候，积极地去练习如何摆脱对手吧！

与防守方一对一。

要能摆脱对方。

摆脱后就能成为全队带来良机。

抓住射门的机会。

要比对方封锁更快地反应。

尽情地射门吧！

6

在迷你对抗赛中获得提高

　　所谓的迷你对抗赛指的是3对3或是5对5这样人数较少的足球比赛。迷你对抗赛只需要放置训练标志锥就能玩，每个人的触球次数比起11人制的正式比赛来要多许多，所以最适合用来提高自己的球技。迷你对抗赛即使人数很少也能开展起来，多打打这类比赛吧！

迷你对抗赛对动作要求较高，因此是训练的好手段。

在后卫接近自己的时候要小心控球。

即使空间狭小也不要慌张。

全世界的孩子们都热衷的游戏

迷你对抗赛的特征

　　在迷你对抗赛中浓缩了足球所需要的一切要素。盘带、传球、传球、射门等，都可以根据自己的判断自由地发挥。

　　无论是摆脱掉对手的乐趣，还是与队友踢球的乐趣，得分的乐趣，胜利的乐趣，甚至是输球的不甘心等等，这些在足球这门运动中你能体验到所有情感，都能在迷你对抗赛中亲身去感受。

　　迷你对抗赛没有必要非得凑齐11人才能玩。即使人数较少也能组成一支球队。因此，迷你对抗赛是全世界的孩子们最为热衷的游戏。在不断地参与迷你对抗赛的过程中磨练自己的球技吧。

踢球时保持冷静是非常重要的。

精准的传球技术是必须掌握的。

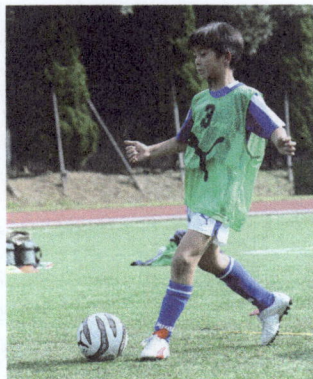
盘带时要小心球不要被对方后卫夺走。

白热化的一对一单挑。

掷界外球
决定着比赛走向的重要球技之一

当球出了边线之后就要掷界外球，这也是场上球员均可以使用手的技术。界外球掷得好甚至对进球有很大的帮助，所以请大家务必掌握。请注意把球抛向靠近队友的地方。

把球高举过后脑勺再抛出。

手臂要用力地向前方挥动。

用目光追随投出的球的去向。

注意！ 先把球高举过头后脑勺再抛出，之后的跟进动作要连贯。

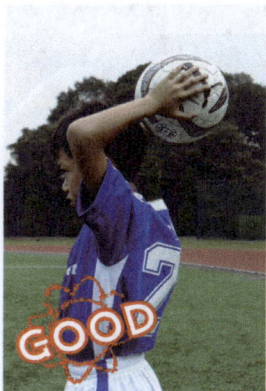

把球高举过头后脑勺再抛出。

把球直接从头顶掷出是犯规的。

通向成功的建议

在掷界外球的时候，要把球高举过后脑勺这一动作当成习惯，并用连贯的动作一口气掷向界内。

掷界外球

允许一只脚在前一只脚在后。

投掷界外球的时候不可以跳起来。

投掷界外球的时候脚不可以离开地面。

允许双脚并列站立。

不可以向和身体朝向相反的方向投球。

不可以让脚越过边线。

注意！ 比起投得远，先学习如何投得对吧。掷界外球的规则基本有以下几点。

- 不可起跳。
- 不可以让脚从地面离开。
- 不可以向和身体朝向相反的方向投球。
- 不可以让脚越过边线。

中场休息时间 6

认识到射门的重要性

足球最终要达到的目的，就是获得比对手更大的比分。即使让对手进了很多球，只要进更多的球就能赢。没有比精准的射门更为重要的技术了。因为无论你的运球技术多么娴熟，只要射门失误了就无法得分，更无法赢得比赛。

例如说，一场比赛中有十次射门机会，然而这十次射门全部打偏，对手只要命中目标一次就会导致自身决定性的失败。因此有进球能力的球队更容易赢球。

那么，应该怎样才能多进球呢？那就得像前文介绍的那样，"射门前务必仔细地观察守门员的动作"。虽然您可能认为这非常简单，但只要做一次就会发现其实这很难。请在射门训练的时候对这一点勤加练习。

只是莽撞地一味埋头踢球，是无法提高射门能力和得分所必备的射门技巧的，请牢记于心！

PART 7

FUNROOTS 回答孩子们
关于足球的疑问

FUNROOTS回答孩子们

关于足球的疑问

问题 1　**应该如何处理伤病？同时又该如何克服伤病呢**

　　我在这一年中一直为伤病所困扰。刚治好膝盖的扭伤，这次又因为机体疲劳而骨折了。虽然我喜欢足球喜欢得不得了，但总是受伤无法参加训练。有没有避免受伤的方法呢？另外我应该注意什么呢？请告诉我吧。

（滋贺县·中学二年级学生）

回答　　　　　　　　　　　　　　　　　　　　　　　　平野淳·FUNROOTS

　　受伤真是很令人头疼的一件事。我在做球员的时候也常为伤病所苦。我也曾经历过在非常重要的正式比赛之前受了伤，因而被撤下正选名单的事情。这真是令我不甘心的痛苦回忆。一旦受了伤，就必须要持续地进行康复训练和肌肉强化训练，使得踢球的机会大大减少。同时还会萌生脱离队伍的焦躁感。

　　但是，一味地回味过去对现实也于事无补。所以我想更多地应该朝前看，积极地去思考"为什么会受伤？"，"等伤治好了，为了避免发生同样的事情应该怎么做才好呢？"。就我个人而言，当时我找了很多人讨论这个问题，还读了很多相关的书籍。而我也是在这个时候，逐渐了解了我们容易受伤的原因。

　　究其原因之一，就是"不规律的生活习惯"。足球也被称为是"联系运动"，即这是一门会和很多方面发生联系的运动。和很多人接触也就意味着受伤的可能性大大提高。另外，尽管在进行着如此剧烈的运动同时，却还是进行着"不吃早饭"或是"睡眠不足"这样不规律的生活的话，注意力就会下降，体力也会随之下降，而其结果就是变得容易受伤。

我从迄今为止我所见过的球员中，总结出了"几乎不会受伤的球员"和"总是在受伤的球员"之间的差别。这差别就在于，是否对自己的身体状况有一个足够的了解，以及是否过着规律的生活这两点。虽然也有其他非常重要的区别，但只有这两点是不可或缺的。虽然在中小学阶段，出于现实无法做到这两点的球员很多，但是必须要给自己定一个最低限度的原则，只要遵守这个原则，当年龄渐长时就是您即将成为顶尖球员的时候。家长的任务就是无论孩子决定了怎样的原则，都应该支持他。

那么话说回来，到底什么才叫作"有规律的生活"呢？

虽然这一点在第22页已经有所描述，但简单说来，就是在"训练""营养"和"休息"之间取得一个平衡。首要任务当然是要勤于训练，绝不松懈，在训练时间内精神集中、全力以赴。其次，在吃饭的时候要好好地把在训练中消耗掉的能量补充回来。在小学、初中和高中阶段正是长身体的时候。不要依靠所谓的营养补品（营养饮料或是营养剂等补充营养的食品），而是通过每一餐足量的进食来摄取营养。食量哪怕稍微多一点也完全没有问题。一天要保证三餐，虽然早餐很容易被遗忘，但是早上请早一点起床，要吃早饭。另外要强调的就是作息时间必须调整为早睡早起。睡眠的目的是缓解这一整天的疲劳，同时让营养进入到自己的身体里去，所以应当把它当做和进食同样重要的关键基础。

只要把三点牢记于心并身体力行，一定就会减少您受伤的几率。

问题 **2** 从小学五年级才开始踢球晚不晚

虽然至今为止我对足球都没有什么兴趣，但是在看过日本国家队的比赛之后，就萌生了踢足球的想法。我已经是小学五年级的学生了。周围的朋友们都是从幼儿园就开始踢足球了，我从现在才开始踢的话，总觉得很难追上大家了。到底怎样才能把足球踢好呢？难道这个时候开始已经太晚了吗？

（东京·小学五年级学生）

回答 .... 平野淳·FUNROOTS

提这个问题我相信需要非常大的勇气，感谢你的提问！

虽然你在信里用垂头丧气的口吻说"已经五年级了"，但是就我看来，"你才五年级而已"。当然了，当你和从幼儿园就开始踢足球的朋友们做比较时，会觉得自己"踢得好糟"，但是这是不得已的事情。这是你和你的朋友们在"足球经验"方面的差距所致。但这也是因为你只看到眼前，所以才会产生这样的想法。

足球运动员的类型很多。有擅长头球的球员，有盘带技术娴熟的球员，也有绝对不会掉链子的球员，还有运动量很大的球员。正因为把这样许多不同类型的球员们聚集在一起，足球才有趣。在你垂头丧气之前，先在自己身上发掘一下只属于自己的，独有的特质吧。然后明确自己的目标一步一步向前走，此刻你完全没有焦躁不安的必要。如果想要在球技方面有所成就，那么从此以往就认真地训练，一定会有进步的。

你有没有"喜欢的球员"或是"憧憬的球员"呢？无论这个人是国外的球员，还是日本职业足球J联赛的球员，甚至是教练、是身边的小伙伴也没有问题，就从模仿这个人的动作开始吧，亦步亦趋地跟着做就好。如果这个憧憬的球员就是身边的小伙伴或是教练的话，那么就能得到许多就近观察的机会，因此你应该也是能学

FUNROOTS 回答孩子们关于足球的疑问

到不少东西的。

在这个时候最为重要的就是把"我想模仿这个脚法"当成自己的目标并明确地去执行。虽然在最开始可能无法模仿得很顺利，所以一定要拼命地、无数次地反复练习。足球的技术并不都是看了就能立刻上手的。即使是成为了职业球员，在日常训练中也要反复地进行"停球，踢球"这样最为基础的训练。

中村俊辅的任意球很厉害吧。但就是这个中村俊辅也会在球队训练之后自己一个人留下来训练任意球。其他的职业球员也是如此。非常出众的球员所有的不光是才能，更是凭借着努力才有今天的一切。例如说，擅长头球的选手会自己留下来练习头球，前锋也会反复地练习射门。无论是怎样一流的球员，都必须付出比普通人多得多的努力。

但是也不能一味地埋头踢球。必须要找到一个例如想踢任意球踢得比谁都好或是完全掌握截踢这样具体的目标，才能长时间注意力集中地进行训练。如果感到自己的这个技术比其他的球员要掌握得差的话，那么首先你要做的就是比其他人都更加刻苦努力去练习这个技术。如果在训练中去练这个感到不好意思的话，那么可以去公园或是空地上一个人练习。

虽然这句话我已经重复过很多次了，但是只有反复的练习才是提高的关键，这里没有任何捷径可言。比其他人都更多地去接触球，朝前看，去好好地练习吧。只要坚持，你一定能逐渐缩小和伙伴们之间的差距。

不要气馁，加油吧！

问题 **3** 怎么才能让自己跑得快起来

我比其他人都跑得慢，因此十分烦恼，有没有提高自己速度的诀窍呢？另外，跑得慢的人要怎样才能做好防守呢？

（青森县·中学一年级学生）

回答
平野淳·FUNROOTS

无论是谁，都希望自己比别人脚程更快吧。我也曾为了让自己跑得更快而下过苦功。

如果想要跑得更快，我给的建议就是要掌握"爆发力"与"判断力"这两点。足球里的跑动和百米跑所要求的跑法是有所不同的。当然，如果在百米跑中跑得快固然好，然而百米跑跑得快，也并不意味着你足球就能踢得好。或者说在足球的世界中，更加强调的是如何在5米或是10米之内的短距离内跑得快的能力。

对速度的要求也根据位置而有所不同。例如说，在边翼的选手就要求他具备在50米内全速奔跑的能力。然而实际在比赛中需要全速奔跑50米的情况也不多。此外，在足球比赛中，比对手早一步行动的瞬间爆发力更为重要。如果能比后卫早一步出击，然后架出别人无法插到身前的姿势以避免被阻截就好。因此在足球比赛中强调的，是比别人早一步行动的能力。

当我在欧美足球教练门下学习的时候了解到，在阿贾克斯或是阿森纳这样的豪门俱乐部里，体能教练会安排进行提高first step（起步）速度的特殊训练。

这就要求你尤其重视"起步时的姿势"以及将重心保持在一个较低的位置。

FUNROOTS 回答孩子们关于足球的疑问

请回忆一下在田径比赛或是在滑冰的短距离奔跑时的姿势，他们是不是都让身体保持着重心偏低的姿势呢。这是因为如果你让身体保持一个重心偏低的姿势，就能方便自己向前迈步。这是为了哪怕只比别人早一步起步而必不可少的要素。如果你参考田径或是滑冰时的起步姿势，或许能得到一些意想不到的收获。

虽然我们总是只把目光聚焦在如何跑得快这个问题上，但是为了在5米或是10米这样的短距离内跑得比对手更快，则还需要对另一种能力进行"提速"——那就是我们的"预判能力"。无论是在持球期还是非持球期，利用预判能力可以使我们迅速地跑动到最能抓住机会的位置，或是比对手早一步甚或是两步起跑，使自己处于一个相对有利的位置。同时相当重要的是，该往哪里传球，哪里能制造出空当，对手在哪里，这些问题都必须借助宽阔的视野来把握当前的状况。因此，只要准确地把握场上情况，并在脑海中勾勒出一副完整的蓝图的话，自然就能提高判断情况的速度了。

而要做到这一点，就必须在练习中反复不断地努力去提高预判的速度。例如，在打迷你对抗赛的时候，自己就要给自己定一些诸如"今天要在两脚内传球"，或是"接到球后三秒内传出去"之类的自主规则，这不失为是提高预判速度的一个方法。无论是怎样的练习只要多次反复进行，当获得了一定的经验积累之后，自然而然地就能提高你的预判速度了。哪怕你真的跑得慢，也没有必要因此感到焦躁不安。寻找到一个补漏的方法也是一种解决方式。

问题 **4** 如何克服"训练一条龙，比赛一条虫"的现象

教练经常说我是"在训练的时候踢得很好，但是一到比赛的时候就熄火"。我也的确正如教练所说，在训练的时候明明踢得很好，但是经常一到比赛就觉得自己不行了。虽然想在比赛中发挥出训练时100%的能力甚至更好，但是我到底该怎么办呢？

（栃木县·小学六年级学生）

回答 平野淳·FUNROOTS

为什么比赛总是踢得不顺呢？比赛和练习的区别到底在哪里呢？

无论是戏剧还是音乐，大家都会为了登上正式的舞台而拼尽全力地去练习。练习的目的是为了在正式的演出中不会出错，这一点在足球的世界中也是一样的，而练习的结果也会在比赛中显现出来。成功的关键就在于大家的心理及精神上的强韧。你是不是在害怕着失败呢？人类是非常不可思议的生物，越是害怕失败，就越容易出现失误。

那么，怎么做才能不害怕出现失误呢？首先就要从挖掘足球这一运动的根本开始挖掘才能逐渐得出答案。在足球比赛中，经常会出现双方都没有得分，以平局结束的比赛。而同时足球也是每场比赛平均也就只能取得1~2分的运动，在90分钟的比赛里，基本只能取得1~2分。如果在这90分钟内全队无失误的话或许能拿到10分以上。也就是说，没能得分的原因是，总是会有人出现各种形式的失误。

我在参加英格兰足球协会的教练员执照课程的时候，老师曾对我们说过，"足球是充满了失误的运动"。当我听到这句话的时候，不由得生出了"的确如此"的感触。

FUNROOTS 回答孩子们关于足球的疑问

　　足球，同时也是一门要随时考虑该如何补救失误的运动。重要的是不仅要填补自己的失误，同时也要掩护同伴的失误。也就是说，出现失误是理所当然的事情。不出现失误才奇怪了呢。哪怕是罗纳尔迪尼奥或是贝克汉姆这样的球员，在比赛中也会出现多次失误。一旦这么去想，有没有觉得轻松一点了呢？

　　无论多厉害的职业球员，他都会犯错误。然而，一流球员和普通球员的区别就在于是否会"因为害怕失误而不出脚"，以及是否能做到"即使失误了也能立刻转换思路去想下一脚球该怎么走"，"从失误中总结出教训并想出对策"。不要害怕失败，相信自己的判断去见招拆招吧。或许害怕失误就是我们最大的敌人。对自己更加自信，尽情地踢球吧。只要能做到这一点，长此以往，自然而然地在比赛中就能踢出你的最佳状态了。

与其消沉失落，不如不要害怕失误向前进。

问题 **5** 足球是只属于男孩子的运动

一提到足球，大家对它的印象都是这是男孩子的运动。女孩子踢足球是不好的事情吗？

（神奈川县·小学四年级学生）

回答 野田朱美

你可知道在世界上有很多国家，不光男孩子喜欢踢足球，女孩子之间也相当风靡吗？在雅典奥运会夺得女子足球金牌的美国，足球是在女孩子当中最受欢迎的运动，同时也是世界第一竞技人口的运动。在挪威，虽然总人口只有450万人，但是参与女子足球的竞技人口却达到了11万人。同时，在世界上也有很多其他国家女子足球盛行。

这些国家都有一个共同的特征，那就是"女孩子和男孩子一样，从小时候开始就和足球亲密接触"。在学校里，男孩子和女孩子一起上足球课，在公园里也能看到，不仅父亲会陪伴孩子一起踢足球，母亲也会和女儿一起踢足球，女孩子从小就开始踢足球在这些国家都是稀松平常的事情。

然而，在日本，女孩子从小就可以和足球亲密接触的概念还未生根发芽。这里面虽然有各种各样的原因，但是其中最大的理由就是"足球是激烈的运动，容易使人受伤，所以对女孩子来说很危险"。

另外，足球是"看"和"踢"之间差别很大的运动。我在小学五年级的时候承蒙老师的邀请开始踢足球，但是最开始的时候我也抱着"踢足球真的很有趣吗"这样的疑问，所以没有什么干劲。而且，我在当时以为足球就只是很蠢地把球踢来踢去的运动，同时也因为看过几次足球比赛留下了这个运动非常激烈的印象，所以先入为主地认为"足球是可怕的运动"。

FUNROOTS 回答孩子们关于足球的疑问

　　但是当我真正地开始踢足球之后却感到了极大的乐趣。其中尤为有意思的是，"颠球"和"技术"。今天能颠几次球呢，怎么才能学会那个技术呢，我甚至做了一本笔记，专门用来详细地记录怎么做好那些技术的"球技记录本"。随后，在我了解了足球比赛是有非常严格的规则之后，"足球是可怕的运动"这一想法也逐渐消失了，而激烈的冲撞也不是双方故意而为之的，所以很难造成严重的伤势。"看"和"踢"的差别果然很大呢。

　　而且，足球实际上是公平又有趣的运动。证据就是，我虽然是从半信半疑的状态开始踢足球的，但实际上我也踢了十七年之久。如果在小时候我因为觉得足球很可怕所以放弃了，那么我现在一定会感到很后悔。什么事都是不去试试就不会知道是否适合自己的。

　　如果你是抱着"虽然对足球有兴趣，但要自己去踢的话似乎有点……"这样的想法的话，那不妨就去踢一次试试看吧。如果监护人也疑惑虽然孩子想踢，但是该不该让她去尝试，那么请不要犹豫，就放手让她一试。足球既不是危险的运动，也不是只有男孩子才能玩的运动。足球是无论男女老少，谁都能在其中找到乐趣的运动。

　　　　野田朱美（代表日本参加亚特兰大奥运会的日本女子足球队队长）

问题 6 踢出强力射门的诀窍是什么

我在队里打的位置是前锋，但总是踢不出强力的射门，所以也老是进不了球。再这样下去，我的位置就会被其他的队友抢去了。要踢出更强力的射门该怎么做呢？如果有什么诀窍的话请告诉我吧。

（东京都·小学四年级学生）

回答 .... 平野淳·FUNROOTS

当你打出一记强劲射门，球挂在球网上旋转的感觉想必是非常痛快的。就连我也永远都忘不了尽情打门，然后洞穿球门那种舒爽畅快的感觉。但是，要打出职业球员那样的强劲射门，对你来说可能还太早了。

实际上，要踢出强力的射门，只要随着肌肉的增长，自然就能做到了。因此，随着你身体的成长，也就能踢出势大力沉的球了，所以不用着急。我想你现在有比踢出强劲射门还要重要的事情。在这本书中我们介绍了许多基础技术，掌握这些应对各种场面的基础技术才是你现在应该去努力实践的非常重要的事情。只有当你学会了正确的足球技术，才能朝职业足球选手迈进。

话说回来，在大家的朋友圈里面有没有身材比较高大的人呢？这个朋友能不能踢出强力的射门呢？如果这个朋友能做到的话，对他来说可能反而是一种损失。在身材较为高大的小学生球员中经常会出现这样的问题，身材越是高大，越是倾向于使用蛮力踢球。现在，或许这个朋友能在球场上有引人注目的表现，但是十年后又会怎样呢？十年后他和现在的体型差别也不会很大。然而十年后你们两人之间已经几乎不存在体型或体力上的差别了。现在如果你扎实地掌握了踢球的基本技巧，那么要超过你的这个朋友也并非难事。

FUNROOTS 回答孩子们关于足球的疑问

　　我认为，应该避免仅仅是为增强踢球的力度而过早地开始肌肉训练。在自己还无法正确地控制力度的时候就开始做这样强度大速度快的运动，很容易受伤。踢球首先应当学的是准确地朝自己瞄准的方向踢正。然后，再掌握"踢球的什么部位，球会以怎样的方式飞出去"，"怎么做才能让脚踩稳"等等只有自己才能感受体会的技术。

　　本书中所介绍的球技，说到底也不过都是基本技术。然而基础是非常重要的。只有牢牢地掌握了基础，才能在自己花苦功夫进行自主训练的时候得到提高。请各位读者在理解本书所述的基础之上，建立起属于自己的一套完整的踢球风格吧。

　　首先把步调放慢，从不骄不躁地踢球开始做起吧！不用担心，在不久的将来你一定能踢出强力的射门的！

在小学阶段，比起踢出强劲的射门，更为重要的是把球踢向自己瞄准的方向。

你至少要了解的 足球用语

眼神交流

指的是通过眼神交汇传递暗号来互通信息的动作。这是在抓住传球时机进行交流时必要的技巧。

快速切边

进攻的时候使用斜传球是非常有效果的。从较浅的位置传出，并在对方球员还没归位之前就用斜传球把球传出的战术被称为快速切边。这个战术的关键在于己方球员要做好充分的准备。

内角弧线球

这是脚法的一种，指的是往靠近球门的方向踢出弧线球。这也是从角球点发球常用的技术。

抢断

指的是在对方球队进攻的时候，从中拦截传球或是盘带。实施抢断的时机多为对方球队还未做好防守准备的时候，此时就是取得形势逆转的大好机会。

内脚背踢

指的是用脚尖内侧来踢球的动作。虽然内脚背踢往往能打出强劲的射门，但是精准度比起脚内侧踢来说要低一些。

倒钩球

指的是把脚翻转到头顶，踢位于头顶的球的方法。这是在瞄准球门后让对手出乎意料的一种射门方式。也被称为"倒挂金钩"。

套边插上

从持球球员的身后越过该名球员，并奔跑到前面有空当的地方。如果时机恰好，则能造成对方球员的混乱。

制造越位

这是在防守端常用的一种战术，是为了使对方球员越位而控制整条防守线使其压上的战术。

无球跑动

主要是指在进攻时球员处于非持球状态下的跑动。在90分钟的比赛中，每个人能持球的时间基本也就只有1~2分钟左右。而无球跑动的能力就是胜利的关键。

空当

指的是球场里的无人区域。在确保自己有一个宽阔视野的前提下，寻找空当的能力是作为足球运动员不可或缺的。

持球跑动

指的是持球时的跑动。它和无球跑动正相反。是盘带或传球等持球状况下所发生行动的总称。

补位

指的是当己方球员被对方球员的盘带突破时，立刻有其他防守球员接近该名对方球员。只要能及时补位，就能保证防守端的稳定。

防守空隙

指的是后卫与后卫之间的空隙。想要让球通过这个空隙，把握准确的时机是非常关键的。

缓冲式控球

这是控球方法的一种。指的是在停球的时候，在吸收飞过来的球的冲力的同时，使自身更加易于转向下一个动作的一种控球方式。或许把这种控球方式称为"吸球式控球"更容易理解一些吧。

解围

这是指常用于防守时、使球尽量远离球门的术语。如果对着处理球的球员喊"解围"的话，己方球员也能立刻做出判断。

交流

指的是同伴之间互相传达自己的想法。足球是一门团体运动，因此和队友之间的交流是不必可少的。交流沟通越顺畅的球队越强大。

进球区域

指的是球极为接近自家球门的位置。教练员常会大喊"防守进球区域！"来使得指令更加明确易懂。

穿越传球

指的是向对方防守线的身后传球，并让己方球员接到传球。这是接近球门的具有决定性价值的传球。

掷界外球

这是指在比赛中，当球出边线后，对方球员把球从出界的位置投掷回球场内。双脚必须站立在地面上，同时双手把球越过头顶投出。

传中

指的是在进攻的时候，位于边侧的球员向位于中央的球员传球。这是使球更进一步接近球门非常重要的传球。

一次性动作

指的是不绕多余的弯路，直接冲向球门的意思。在比赛中随时留心球门是踢足球的前提条件。同时这也是积极地冲向球门的一种战术。

转向

指的是把从后方来的球通过一脚球往逆向控球的意思。周围的己方球员对要接球的球员发出提示会效果更好。

脚尖球

指的是踢球的正下方，使球逆向旋转的一种脚法。这也是在吊射等场合经常使用的一种技术。

假动作反跑回接

指的是在接到传球之前，往相反方向假跑几步再接球。这样做的目的是为了摆脱对手的盯防。

停球

指的是在接到传球后控球并转向下一脚球。

脚后跟传球

指的是使用脚后跟传球。虽然这种传球能把球传向对手的相反方向，但同时己方球员也较难读懂你的意图，因此是传球准确率较低的一种传球方式。

假动作

指的是身体前后左右运动，取对手逆侧的一种脚法。

回撤后反切

指的是从盯人后卫的视野中一瞬间消失的动作。这是进攻型球员必须具备的一种技术。如果能随时应用这个技术，就能使得你接球变得更加容易。

禁区策应

进攻方法的一种。指的是位于前线的球员接到球之后，以该名球员为中心建立进攻体系。通常会以身材高大的选手作为禁区策应的中心点。

身体朝向

指的是身体面朝的方向。场上球员无论是在持球期还是非持球期，都要使自己处于能纵观全局的位置，或是保持能观察场内情况的姿势。

盯球型选手

指的是在场上只盯着球的球员。这一点对防守球员来说是尤其要避免的，不要只盯着球，同时还应该观察对手的动作。

凌空射门

指的是把空中球（例如传中球等）直接打出而未停球调整的射门。

身后有人

在比赛中向队友发出提醒的时候，比起"对手过来了"这样繁杂的句子不如用诸如"来了！"之类简洁明了的单句来进行提醒。一句重要的提醒能立刻让你的队友得知对方球员的情况。

后撤

这是在被夺球之后，全队迅速地切回己方半场，严控防守端，然后开始进行防守的战术。虽然相当耗费体力，却是非常有效的战术。

吊门进球

指的是高高越过守门员头顶的射门。在足球比赛中，吊门进球也被认为是一种非常优美的射门方式。

一脚球

指的是不停球，用快速触球伺机传球或是射门。这个脚法的关键在于和队友的交流默契与对对方球员行动的预判能力。

撞墙式传球

这是进攻手段的一种。传出球的球员和球一同向前跑，而接到球的球员也要把球再回传给刚刚传球给自己的球员。这是一种突破防守的方法。

长传球

指的是远距离传球。经常用于反攻的时候。

写在最后

　　足球技术，随着你触球次数的增加就会逐渐得到提高。因此，尽管你的球技现在可能还有一定的缺陷，但是也没有必要因此对自己感到失望。你首先要做的，就是去玩足球。一边玩一边运球、踢、停球。然后反复重复再重复。只有通过坚持不断的训练，才能自然流畅地让球按照自己所想的那样去运动。

　　足球这项运动，永远与失误相伴相随。哪怕是我们，迄今为止也经历了数千次、数万次的失误。但是，在这个时候，你首先要做的就是去思考"为什么失败了呢？"。只有通过总结经验教训，才能在下一次不犯同样的错误。而为了达到熟练到身体都记住该如何去踢的地步，势必会花费大量的时间。然而一旦学会了某个动作，身体就会牢牢地记住这个动作。请各位一定耐心地掌握正确的足球技术。同时，在您疑惑"不知道该怎么做"和"该怎么做才正确"的时候，请打开本书。也希望您能在产生这些问题的时候活用本书。

　　我期待着各位能在未来的某一天和足球成为好朋友，打从心底喜欢上足球。也期待着未来有一天，能和大家在青青的草地上一同愉快地追逐足球。

FUNROOTS 全体员工

作者简介 & 球童模特简介

平野 淳

平野醇先生在大学毕业后留学欧美学习足球教练专业，在取得欧洲足球协会认可的教练资格后，还获得了英格兰、荷兰、德国、苏格兰、美国及澳大利亚等地的足球教练执照。作为一名教练，他不仅在横滨水手足球俱乐部和东京足球俱乐部等日本职业足球J联赛球队里取得了一定的成绩，还在越南、柬埔寨、美国、德国和英格兰等地从事过少年足球的教育活动。现在他作为FUNROOTS股份有限公司的法人，开展了一系列的儿童足球计划。其著作有《少儿足球圣经 小学生指导你问我答》《少儿足球圣经②小学生足球训练集》《亲子一起快乐踢足球》(kanzen出版社出版)，并且在月刊《足球诊所》和季刊《足球评论》等杂志上也有连载专栏。

和贺 崇

和贺崇先生是一名从事少儿足球训练已逾十年之久的少儿足球训练专家。以其独特的指导风格，深受孩子们的好评。他不仅在FUNROOTS足球学校任教，在东京贝尔迪1969俱乐部的足球学校及明和足球俱乐部等也担任过指导教练。同时他也取得了日本、英格兰、美国的足球教练资格。

☆☆☆球童模特简介☆☆☆

　　摄影由秋留野足球俱乐部、并木足球俱乐部、片仓南野足球俱乐部、南多摩足球校队、狭间足球俱乐部、迪斯波特足球俱乐部和KISP（儿童国际足球公园）当中热爱足球的孩子们共同协力完成。

☆☆☆摄影协助　日本工学院八王子专门学校☆☆☆

球场情报

使用长毛绒人造草坪 长150米宽68米

地址：东京市八王子市片仓町1401-1

图书在版编目（CIP）数据

少年足球技术与训练完全图解 ／（日）平野淳著；
杨晨译. -- 北京：人民邮电出版社，2016.12
ISBN 978-7-115-42902-5

Ⅰ．①少… Ⅱ．①平…②杨… Ⅲ．①足球运动一运
动技术一少年读物②足球运动一运动训练一少年读物
Ⅳ．①G843-49

中国版本图书馆CIP数据核字(2016)第150494号

免责声明

作者和出版商都已尽可能确保本书技术上的准确性以及合理性，并特别声明，不会承担由于使用本出版物中的材料而遭受的任何损伤所直接或间接产生的与个人或团体相关的一切责任、损失或风险。

内 容 提 要

  世界级的足球选手也是从练习基本功开始的！世界一流的足球选手最为厉害的一点就是基本功都非常扎实。这是他们从孩童时期就开始训练所得到的结果。正因为基本功扎实，所以才能完成各种各样复杂的脚法。为了接近世界级选手的水平，首先就要从足球的基本功开始学习。

  本书由具有丰富的少儿足球教学经验的职业教练团队创作，专门为刚开始学习足球的少年儿童设计了一系列训练课程，包括颠球、脚法、盘带、头球和射门等，帮助小球员在最恰当的时机接受最恰当的训练，掌握这个年龄段所可以掌握的技术，打牢基本功。

◆ 著　　　　[日] 平野淳

  译　　　　杨　晨

  责任编辑　李　璇

  责任印制　周昇亮

◆ 人民邮电出版社出版发行　　北京市丰台区成寿寺路 11 号

  邮编　100164　　电子邮件　315@ptpress.com.cn

  网址　http://www.ptpress.com.cn

  固安县铭成印刷有限公司印刷

◆ 开本：700×1000　1/16

  印张：12　　　　　　　　　2016 年 12 月第 1 版

  字数：200 千字　　　　　　2025 年 10 月河北第 39 次印刷

  著作权合同登记号　图字：01-2016-0520 号

定价：49.80 元

读者服务热线：(010) 81055296　印装质量热线：(010) 81055316

反盗版热线：(010) 81055315